ALÉM DO SER
A História de um Suicida

Osmar Barbosa
Pelo espírito Nina Brestonini

ALÉM DO SER
A História de um Suicida

Book Espírita Editora
2ª Edição
| Rio de Janeiro | 2016 |

Osmar Barbosa

ALÉM DO SER
A História de um Suicida

Pelo espírito Nina Brestonini

Outros livros psicografados por Osmar Barbosa

Cinco Dias no Umbral

Gitano – As Vidas do Cigano Rodrigo

O Guardião da Luz

Orai & Vigiai

Colônia Espiritual Amor e Caridade

Ondas da Vida

Joana D'Arc – O Amor Venceu

Antes que a Morte nos Separe

A Batalha dos Iluminados

500 Almas

Eu Sou Exu

Entre Nossas Vidas

Cinco Dias no Umbral – O Resgate

O Amanhã nos Pertence

Agradecimento

Agradeço primeiramente a Deus por ter me concedido esse dom, esse verdadeiro privilégio, de servir humildemente como um mero instrumento dos planos superiores.

Agradeço a Jesus Cristo, espírito modelo, por guiar, conduzir e inspirar meus passos nessa desafiadora jornada terrena.

Agradeço a Nina Brestonini a oportunidade e por permitir que essas humildes palavras, registradas neste livro, ajudem às pessoas a refletirem sobre suas atitudes, evoluindo.

Agradeço ainda aos meus filhos Anna Julia, Rodrigo e à minha amada esposa, Michelle, pela cumplicidade, compreensão e dedicação. Sem vocês ao meu lado, me dando todo tipo de suporte, nada disso seria possível.

Agradeço a todos da Fraternidade Espírita Amor & Caridade a parceria nesta nobre e importante missão que, juntos, desempenhamos todos os dias com tanta devoção.

E agradeço a você, leitor, que comprou este livro e com sua colaboração nos ajudará a conseguir levar a Doutrina Espírita, e todos os seus benefícios e ensinamentos, para mais e mais pessoas.

Obrigado.

A todos, os meus mais sinceros agradecimentos.

FRATERNIDADE ESPÍRITA AMOR & CARIDADE

ISBN: 978-85-69168-08-9

Capa
Marco Mancen | www.marcomancen.com

Projeto Gráfico e Diagramação
Marco Mancen Design Studio / Andressa Andrade

Ilustrações do Miolo
Manoela Costa

Revisão
Josias A. de Andrade

Marketing e Comercial
Michelle Santos

Pedidos de Livros e Contato Editorial
comercial@bookespirita.com.br

Copyright © 2016 by
BOOK ESPÍRITA EDITORA
Região Oceânica, Niterói, Rio de Janeiro

2ª edição
Prefixo Editorial: 92620
Impresso no Brasil

Todos os direitos reservados e protegidos pela Lei 9610 de 19/02/1998. Nenhuma parte deste livro pode ser reproduzida ou transmitida por quaisquer formas ou meios eletrônicos ou mecânicos, incluindo fotocópia, gravação, digitação, entre outros sem permissão expressa, por escrito, dos editores. www.bookespirita.com.br

Conheça a Fraternidade Espírita Amor e Caridade, acessando
www.fraternidadeespirita.org

Conheça um pouco mais de Osmar Barbosa em
www.osmarbarbosa.com.br

Conheça um pouco do Lar Nina Brestonini em
www.lardanina.org

*"A missão do médium é o livro.
O livro é chuva que fertiliza lavouras imensas, alcançando milhões de almas."*

Emmanuel

Índice

INTRODUÇÃO..17

ABRAÃO..25

RIO DE JANEIRO..29

POLÔNIA...35

A PRISÃO..47

A FUGA...59

CAMPOS DE CONCENTRAÇÃO........................67

O UMBRAL..75

NOVA CHANCE...83

O RECOMEÇO...99

A PROVA...105

DANIEL...113

OPORTUNIDADES..121

AS RUAS...131

INTERCESSÃO...145

O ESPIRITISMO...153

O SUICÍDIO...167

A COLÔNIA...175

"Morri aos 16 anos de idade, mas só quando cheguei ao mundo espiritual pude compreender o que tinha feito. E agora? Como recomeçar?"

Abraão

INTRODUÇÃO

O que acontece com o suicida?

Meu amigo, minha amiga: se você está pensando em se suicidar, deve estar procurando saber o que acontece com um suicida logo após a morte, correto? Eu não tenho boas notícias para você. O suicida é, sem dúvida nenhuma, o ser que mais sofre após a morte.

Em primeiro lugar, você precisa saber que nada se perde neste universo. Ao morrer, seu corpo volta para a terra e sua mente, sua consciência, seu EU, o que chamamos de espírito, não desaparece. Ele continua vivo. O que dá vida a seu corpo é justamente a existência de um espírito que anima a matéria por meio de um perispírito, que depois lhe explicarei melhor.

Então, tentar se matar achando que você será apagado do universo, apagado para sempre, é uma monumental tolice. O seu corpo realmente vai se decompor e vai desaparecer na terra, mas você continuará existindo, não tenha dúvida disso!

A morte não é um processo automático, como todos pensam. É necessário um determinado tempo para que o espírito se desconecte do corpo. É necessário tempo para que o espírito deixe de sentir as impressões do corpo.

Quando a pessoa está doente este desligamento é gradual e segue um processo natural. É por isso que dizemos que a melhor forma de morrer é por meio da velhice, quando ocorre o falecimento gradativo dos órgãos e o desligamento gradativo do espírito. Neste livro vou lhe explicar em detalhes como tudo isso acontece.

No caso de suicídio não existe o desligamento do espírito do corpo. Se o suicida dá um tiro na cabeça, ele sente a dor terrível do tiro e continua sentindo a dor e os efeitos do tiro depois de morto por um tempo que varia de um ser para outro. Uma pessoa que pula de um determinado local para se suicidar continua sentindo as dores do corpo quebrado depois do impacto. Imagine que sofrimento.

Logo depois do ato suicida vem o momento de loucura. O suicida não é uma pessoa emocional e mentalmente equilibrada. Ao perceber que não existe a morte de sua consciência e que ele continua vivo, pensando, sentindo, enxergando, bate um desespero e vem a loucura.

Muitos suicidas têm o desprazer de sentir seus corpos se decompondo. Após um longo e sofrido desprendimento da matéria em decomposição, normalmente o suicida é levado para um local referenciado em muitos livros psicografados como o famoso Umbral, ou Vale dos Suicidas, que fica também dentro do Umbral, mas separado dos outros, pois até nisso os suicidas sofrem.

Do outro lado as pessoas com personalidade parecida se unem em determinados locais. Lembre-se de que aqui na Terra também funciona assim. As pessoas de personalidade parecida costumam se reunir em locais de mesma vibração energética.

Desta forma, os suicidas são atraídos para locais repletos de pessoas que também cometeram suicídio, pois ali existe uma compatibilidade de pensamentos, sentimentos e desejos. Assim ficam nas profundezas do Umbral por períodos que podem variar.

Não é preciso muito esforço para imaginar como seria um local com centenas de milhares de suicidas com o coração cheio de remorso, vingança, raiva, medo e dor. Não é um lugar bonito, cheiroso e organizado. É um verdadeiro caos, ou o que podemos imaginar como um verdadeiro inferno.

Mas por que o suicida não recebe ajuda imediata, como todos os outros que morrem?

Da mesma forma que acontece aqui no nosso mundo, do outro lado as pessoas só podem ser ajudadas quando realmente desejam ser ajudadas. Você só pode recuperar um drogado se ele deseja sair da droga. Você só pode ajudar uma pessoa afundada pela vingança se ela está verdadeiramente disposta a perdoar. Como curar o fumante à força? Sentimentos negativos como raiva, remorso e vingança prendem o espírito do suicida a uma camada de nível vibracional muito baixa por ser esta camada compatível com seus sentimentos negativos.

Tirar um suicida deste lugar só é possível quando ele, por conta própria, consegue eliminar todos os sentimentos negativos que o fazem ficar em sintonia com este lugar. Se possui o sentimento de vingança por alguém, o espírito precisa perdoar e se livrar deste sentimento.

Se tem autopiedade, ou seja, pena de si mesmo, precisa eliminar este sentimento. Se é arrogante, invejoso e alimentado por raiva, precisa "queimar" esses sentimentos. E isso, infelizmente, costuma acontecer diante do sofrimento. Quantas coisas na vida só aprendemos depois que sofremos as consequências de nossos atos? Lá, do outro lado, é a mesma coisa.

Legiões de bons espíritos estão sempre vasculhando o lodo do Vale dos Suicidas em busca de pessoas que estejam prontas para receber ajuda. Infelizmente, o suicida é uma pessoa que não gosta de pedir ajuda. Se não fosse assim, não teria cometido o suicídio, teria procurado ajuda em vida. Ele está tão mergulhado em seus sentimentos negativos e egoísmo, que não consegue ver e aceitar qualquer ajuda.

Se você tem um amigo ou parente que cometeu suicídio, saiba que é possível ajudar. A ajuda pode ser feita por meio de orações para que o suicida se perdoe. Normalmente o suicida se arrepende muito e fica se culpando pelo ocorrido. Então ele precisa, primeiro, se perdoar pelo erro cometido. Ele precisa perdoar as pessoas envolvidas. Precisa retirar do coração a raiva que possa ter de alguém, ou qualquer sentimento de vingança. O suicida precisa ter humildade para pedir ajuda. Você também pode orar para que espíritos amigos possam ajudar neste resgate. A oração e o pensamento positivo podem ajudar muito. Faça isso e você estará ajudando seu parente ou amigo a seguir em frente em sua caminhada espiritual.

Segundo a Organização Mundial da Saúde (OMS), cerca de 1 milhão de pessoas se matam por ano em todo o mundo. A cada 40 segundos, uma pessoa comete suicídio. Somente no Brasil, 24 pessoas se suicidam por dia, e infelizmente os números são crescentes.

A estimativa da OMS é que no decorrer dos próximos vinte anos os suicídios somarão 1,5 milhão. Hoje, o suicídio ocupa o segundo lugar em *causa mortis* no mundo entre adolescentes de quinze a vinte e quatro anos, ficando atrás apenas dos acidentes de trânsito.

As maiores incidências são nos países ricos. O Leste Europeu registra um dos mais altos índices de suicídio proporcionalmente. Países da Ásia, como China e Japão, são os recordistas mundiais.

Por que o suicídio acontece?

Para a ciência, as causas do suicídio podem estar relacionadas a distúrbios psicossociais, como exclusão, dependência química, desesperança e traumas emocionais. Não raro, o suicídio é tido como consequência da depressão, transtorno bipolar, esquizofrenia, anorexia e desvios de personalidade.

Mesmo com o avanço significativo da ciência médica, algumas manifestações permanecem obscuras no campo da psicologia. A mente humana guarda mistérios ainda não desvendados.

Pesquisadores procuram responder o que leva o ser humano a desrespeitar seu instinto de autopreservação. Também não é possível explicar, por exemplo, porque algumas pessoas que enfrentam as mesmas situações não cometem suicídio como fazem outras. Aos olhos da ciência, as causas do suicídio não estão totalmente esclarecidas.

O suicídio para a doutrina espírita

Para explicar o suicídio na visão espírita, usaremos as considerações contidas em *O Livro dos Espíritos*, destacando as questões 943 a 946:

943. Donde nasce o desgosto da vida, que, sem motivos plausíveis, se apodera de certos indivíduos?

"Efeito da ociosidade, da falta de fé e, também, da saciedade."

944. Tem o homem o direito de dispor da sua vida?

"Não; só a Deus assiste esse direito. O suicídio voluntário importa numa transgressão desta lei."

945. Que se deve pensar do suicídio que tem como causa o desgosto da vida?

"Insensatos! Por que não trabalhavam? A existência não lhes teria sido tão pesada."

946. E do suicídio cujo fim é fugir, aquele que o comete, às misérias e às decepções deste mundo?

"Pobres Espíritos, que não têm a coragem de suportar as misérias da existência! Deus ajuda aos que sofrem e não aos que carecem de energia e de coragem. As tribulações da vida são provas ou expiações. Felizes os que as suportam sem se queixar, porque serão recompensados! Ai, porém, daqueles que esperam a salvação do que, na sua impiedade, chamam acaso, ou fortuna! O acaso, ou a fortuna, para me servir da linguagem deles, podem, com efeito, favorecê-los por um momento, mas para lhes fazer sentir mais tarde, cruelmente, a vacuidade dessas palavras."

Analisando as respostas dadas pelos espíritos que conduziram a codificação, torna-se evidente a posição do espiritismo com relação ao suicídio. Toda forma de agressão contra a vida é uma violação das Leis Divinas, logo o suicídio é considerado uma infração gravíssima, pois o espírito coloca fim à oportunidade valiosa que lhe foi concedida para progresso moral e intelectual.

Amigo leitor, trago a você mais uma história que me foi trazida por Nina Brestonini. Cada psicografia é, para mim, um aprendizado; sinto-me um privilegiado e me realizo quando consigo partilhar com você estes ensinamentos.

Suicídio é um tema muito debatido na doutrina espírita. Muitos são os relatos e muitas são as situações que levam um ser encarnado a cometer tamanha violência contra si mesmo.

Eu mesmo já estudei e participei de diversos laboratórios de aprendizagem em que o tema principal era o suicídio. As situações que levam estes irmãos a cometerem o suicídio são muito questionáveis e mudam de pessoa para pessoa. Cada um tem um motivo muito especial para justificar o cometimento de tal atrocidade.

Como diz Nina, o fim justifica os meios.

No livro *Joana D'Arc – O Amor Venceu*, Nina coloca esta frase em evidência, quando diz que o livro tem que ser publicado, pois os fins justificam os meios. Muito questionei esse argumento, pois aprendemos que os meios não justificam os fins. Mas se observarmos atentamente a história que este livro retrata, veremos que Nina tem razão. Os meios justificam os fins. Resta-nos aprender mais um pouco com essa incrível menina chamada Nina Brestonini.

Boa leitura!

Osmar Barbosa

ABRAÃO

Eu me chamo Abraão. Minha mãe me deu este nome porque ela era uma mulher cristã e frequentadora assídua de uma igreja perto da minha casa.

Esse nome também tem um significado muito importante para minha história de vida e superação. Eu vou contar a todos vocês porque me chamo Abraão:

Minha mãe vivia muito tempo dentro da igreja, chegava mesmo a ficar mais tempo lá do que junto de mim e de minhas irmãs. Ela dizia que era necessário evangelizar as pessoas e que o pastor de sua igreja exigia muito dela e das demais irmãs da congregação evangélica. Vivi muito tempo andando por aí, sem ninguém para me orientar.

Cresci praticamente sozinho, pois desde novo deixei de ir à igreja com ela; eu não me sentia bem vendo e ouvindo tudo aquilo que tentavam empurrar-me goela abaixo.

Fui para as ruas ainda jovem com mais ou menos oito anos. Aos treze anos de idade me apresentaram às drogas e esse foi, sem dúvida, o meu fim.

Aos catorze anos de idade passei a praticar pequenos furtos para sustentar meu vício. Meu pai já tinha desistido de nós havia muito tempo. Ele saiu de casa quando eu tinha mais ou menos uns cinco anos de idade e deixou com a minha mãe todas as responsabilidades. Foram tempos muitos difíceis para todos nós. Hoje, eu compreendo isso.

Eu sou o único menino da família que ainda tem a Ana, que é mais velha que eu; e a Maria das Dores, minha irmã; eu sou o caçula.

Bom, a conversa está boa, mas eu quero contar para vocês tudo o que aconteceu comigo, e porque tudo isso aconteceu. Não foi fácil para meu entendimento. Mas com a ajuda de alguns amigos aqui no mundo espiritual, consegui finalmente compreender porque desisti da vida e cometi o suicídio aos dezesseis anos de idade.

Espero que nenhum de vocês faça isso. Espero sinceramente que este livro mostre a todas as pessoas o quanto é errado praticar esse ato tão covarde e cruel.

Fiquem com Deus...

Abraão

RIO DE JANEIRO

– Bom-dia, Rose.

– Bom-dia, seu João.

– Como tem passado a senhora?

– Tudo dentro da normalidade, e o senhor, como vai?

– Na luta de sempre – diz João.

– O que o senhor quer comigo? – pergunta Rose, curiosa.

– A senhora se lembra que lhe falei daquele meu primo, que precisa sair do Nordeste e quer vir morar aqui no Rio de Janeiro?

– Lembro sim, seu João.

– Então, eu queria ver a possibilidade de a senhora ceder um pedaço de terreno para que eu possa construir um barraco para ele, a esposa e os três filhos.

– Sem problema, seu João, o senhor pode construir o barraco ali naquela parte de trás da minha casa – diz Rose, apontando com o indicador direito para um pedaço de terreno de uns vinte metros quadrados que mal dá para construir um cômodo.

– Está ótimo este pedaço de terreno. Acho que consigo construir uma pequena cozinha, um quarto e um banheiro.

– É, não é muito grande, mas dá para o gasto – diz Rose.

– Sim, acho que dá para resolver temporariamente o problema deles. Depois que se estabelecerem, eles vão conseguindo melhorar de vida. O que não dá é para viver onde vivem, sem água, sem comida e sem as chuvas.

– Sim, realmente não dá para viver no Nordeste mais, sem contar que nossos governantes prometem, prometem e nada fazem – diz Rose.

– E quanto é que a senhora vai me cobrar por esse pedaço de terra? – pergunta João.

– Seu João, não vou lhe cobrar nada, apenas quero que o senhor termine minha obra lá atrás, pois há dias o senhor está me enrolando para terminar aquele cômodo.

– Que nada, Dona Rose, é que estou com muitas obras, e até é por isso que quero trazer meu primo para cá. Quem sabe consigo ensinar a ele a profissão e ele pode me ajudar com as obras?

– É, quem sabe dá certo né, seu João?

– Então ficamos combinados assim: eu termino sua cozinha e a varanda lá atrás e a senhora me cede este espaço para construir o barraco do meu primo Jorge.

– Estamos combinados, então – diz Rose.

– Fico muito grato à senhora. Agora, com licença que vou correndo ligar para o meu primo e avisá-lo que consegui a casa para ele morar. Amanhã eu volto para terminar sua obra.

– Combinado assim – diz Rose.

– Até amanhã.

– Até – diz João se afastando.

João é pedreiro e realiza diversas obras na pequena comunidade em que reside. Muitos são os que chegam dos sertões brasileiros em busca de oportunidades de crescimento. Diversas famílias estabelecem-se nessas pequenas comunidades nas encostas dos morros próximos aos grandes centros.

João corre até o telefone público e liga para o primo para dar-lhe a boa notícia.

– Alô, Jorge?

– Fala, João, como vão as coisas por aí?

– Vão bem, muito bem. Eu consegui arrumar um pedaço de terra para você – diz João, feliz.

– Ô meu primo, que bom!

– Sim, você já pode vir. Traga aí algum dinheiro para construirmos uma casa ainda que pequena, mas que vai ser sua. Enquanto não construirmos a sua, você fica lá em casa. Já falei com a Hermínia.

– Não tenho palavras para lhe agradecer. Vou conversar com a Maria e amanhã eu ligo para lhe dar a resposta. E agradece a Hermínia para mim.

– Tá bom então, vou ficar esperando você ligar – diz João.

– Pode ficar tranquilo, tenho ainda um burro e algumas cabras que vou vender e ir embora desse lugar maldito. Você consegue aquele serviço aí para mim?

– Consigo sim, pode vir.

– Então tá decidido, breve estarei por aí.

– Tá bom, homem, resolve logo e venha.

– Fique com Deus – diz Jorge.

– Você também, primo.

Após desligar o telefone, Jorge vai até sua casa para convencer sua esposa, Maria, a ir embora da pequena cidade de Cabrobó e recomeçar a vida na cidade do Rio de Janeiro, pois eles já não suportam mais viver no sertão, onde tudo é escasso, o verão é longo e a chuva é algo muito raro por essas bandas. As crianças, embora ainda muito pequenas, sofrem muito nessa terra esquecida por Deus.

Acredita-se que 21 mil ciganos morreram entre os alambrados de Auschwitz. Milhares de nomes esquecidos que se somam aos de milhões de vítimas daquele que foi o campo de concentração nazista mais mortal.

POLÔNIA

– *Buenos días?*

– *Buenos días, Ramon. Como estás?*

– *Bien, mui bien y ud?*

– *Bien* – diz Pablo.

– Temos notícias de que os alemães estão se aproximando daqui – diz Ramon.

– Sim, nós já estamos sabendo.

– O que vamos fazer, *hombre*?

– Temos que conversar com Rodrigo para que ele nos indique para onde devemos andar, para que bandas devemos seguir.

– Então vamos até sua tenda?

– Não, não é possível agora. Rodrigo está reunido com o grande clã dos ciganos.

– Então vamos ficar nas proximidades de seu acampamento, para resolvermos logo esta questão.

– Sim, vamos *adelante* – diz Pablo.

– Você viu quem chegou para a reunião?

– Sim, várias lideranças ciganas estão presentes, afinal a guerra está a perseguir-nos e muitos dos nossos já foram assassinados ou presos pelos alemães.

– Sim, é isso que tenho presenciado e ouvido pelas regiões em que ando.

– Eles estão reunidos para acharem uma solução para nossa questão, temos que esperar.

– Então vamos esperar pelas orientações de Rodrigo?

– Sim, *hermano*, é isso que devemos fazer – diz Pablo.

Após caminharem, Pablo e Ramon chegam a uma clareira no meio do acampamento cigano, liderado pelo cigano Rodrigo, onde uma grande fogueira está acesa, mantendo aquecidos todos os ciganos que estão a esperar pela decisão da reunião do grande conselho. Ramon e Pablo juntam-se aos demais para esperar pelas orientações da liderança.

Este grande conselho foi convocado pelo cigano Rodrigo para que todos os demais ciganos sejam orientados a seguirem para áreas seguras, fugindo assim da perseguição feita pelos alemães que abarrotam seus campos de concentração com judeus, ciganos e testemunhas de Jeová, entre outros.

Terminada a reunião, todos se concentram ao redor da grande fogueira onde comidas e bebidas são servidas em abundância. Há naquele momento cerca de duzentos ciganos que aguardam ansiosamente as orientações do líder Rodrigo.

As ciganas dançam ao som de violas e violinos tocados com maestria pelos jovens gitanos, apaixonados por uma boa música e pela dança.

As crianças brincam e sorriem dos adultos que se divertem dançando com seus lenços a revoar.

Rodrigo logo pede a palavra e o silêncio se faz presente na grande multidão.

– Amigos, companheiros, ciganos e ciganas. Estamos reunidos em nome de todos os nossos ancestrais. E é a eles que pedimos proteção e direção para nossos caminhos. O mundo vive uma guerra que não pertence aos ciganos. Nós somos como o vento, livres, e vivemos de acordo com as leis da natureza; portanto, temos que nos preservar de tamanha insanidade da raça humana. Sei que a responsabilidade que tenho como líder dos ciganos me coloca em um lugar de destaque e de muita responsabilidade. Mas minha maior preocupação é com a vida de nossas crianças, pois temos a certeza de que o futuro da raça cigana está escrito na história desses jovens, que levarão pela eternidade nossos costumes e nossas tradições.

Agora devemos fugir para bem longe, onde não haja rumores de guerra. Hoje, decido por milhares que certamente um dia decidiram por mim. Vamos *adelante* com amor em nossos corações e determinados em viver como nos ensinou nossos ancestrais. Livres e livres. Felizes e felizes. Honrados e honrados. *Opcha*!

Todos erguem seus braços e bradam *opcha*!!!

Rodrigo prossegue:

– Vamos separar as tribos maiores em pequenos grupos, assim passaremos desapercebidos pelos grandes centros da Europa. Nosso destino é Istambul, na Turquia; é para lá que todos devemos seguir. Que Deus esteja conosco!

– Vamos, meus amigos e *hermamos*, vamos partir o quanto antes para terras distantes onde a paz ainda resplandece em cada amanhecer – grita o cigano Wladimir.

Todos concordam e seguem as orientações do cigano Rodrigo. Pouco a pouco o grande acampamento torna-se um pequeno encontro de ciganos.

– Rodrigo, o que devemos fazer com nossa tribo?

– Jeremias, divida nosso grupo em pequenas famílias, procure não separar irmãos e parentes mais próximos. Combine com todos que nos encontraremos na Índia, nossa terra mãe.

– Sim, Rodrigo, pode deixar que farei isso.

– Agora vá e separe todos.

– Sim, senhor!

Rodrigo entra em sua cabana e começa a arrumar suas coisas para seguir viagem junto a seus familiares mais próximos. Muito querido por todos, o líder sente-se triste com a situação que vive a Europa.

Logo é interrompido por seu fiel amigo Leônidas.

– Posso entrar, Rodrigo?

– Sim, Leônidas, claro que sim – diz Rodrigo.

– Vejo que o amigo está triste com o ocorrido...

– Sim. Eu não consigo compreender como o ódio e a ambição podem falar mais alto no coração do homem.

– Sim, o Reich alemão não perdoa ninguém – diz Leônidas.

– Como pode ser assim? Às vezes fico a me perguntar onde está o criador que tudo vê e tudo sabe?

– Se você, que é o grande líder, não sabe responder a esta pergunta, imagine eu, um pobre criado como eu, que vivo a servir a todos os que necessitam de ajuda.

– Pois é isso mesmo que questiono a Deus. Como pode, homens bons assim como você, serem cruelmente assassinados por um bando de idiotas insanos que querem o poder a qualquer custo, e Deus permite que tudo isso aconteça? Como pode isso ser assim? – diz Rodrigo, chateado.

– É, Rodrigo, se você não sabe, quem poderá nos responder a isso?

– Eu imagino que nossos ancestrais tenham a resposta certa para tudo o que a humanidade está passando. Acho sinceramente que o tempo é o melhor remédio para qualquer dor. E acho, inclusive, que para que possamos evoluir deveremos ser testados até nossos limites.

– Viu como você sabe as respostas?

– Verdade, Leônidas, verdade! Agora ajude-me a terminar de arrumar minhas coisas para que, logo ao amanhecer, possamos seguir viagem.

– Com prazer, Rodrigo.

Assim Leônidas ajuda Rodrigo a colocar todas as suas coisas em grandes baús de couro feitos especialmente pelos ciganos.

Logo ao amanhecer pequenos grupos formados por familiares mais próximos começam a seguir viagem. As despedidas são tristes e Rodrigo se mantém dentro da última barraca ainda montada esperando que todos se afastem para que ele siga seu destino.

Após algumas horas, Leônidas vai até a barraca do jovem cigano para chamar-lhe para, juntos, seguirem adiante.

– Bons-dias, Rodrigo!

– Bons-dias, Leônidas!

– Você dormiu bem?

— Na verdade, não consegui dormir. Passei a noite inteira rezando para que todos os meus amigos consigam passar pelas barreiras dos soldados e seguirem assim para terras mais seguras.

— Fiz isso também à noite toda – diz Rodrigo.

— Conhecendo bem seu coração como conheço, você deve ter sofrido durante a noite toda – diz Leônidas.

— Não, querido amigo, não sofri, porque tenho a confiança de que todos conseguiremos sair ilesos dessa história.

— Que assim seja, amigo!

— Assim será. Agora vamos desmontar sua barraca e partir o quanto antes; há boatos de que os soldados estão vindo para estas bandas – diz Leônidas.

— Sim, vamos desmontar a barraca e partir.

— Quem vai conosco?

— Vamos eu, você e o Lucas.

— Suas ciganas não vão? – diz Rodrigo.

— Não, eu mandei que elas seguissem viagem com meu pai e minha irmã. Nós vamos por um outro caminho, temos que encontrar com a tribo de Manolo para avisá-lo sobre o destino de todos os ciganos. E alertá-lo sobre os perigos iminentes.

— Entendi, então vamos logo – diz Leônidas.

— Sim, vamos terminar e partir. Faça o seguinte: vá procurar pelo Lucas e avise-o que ele vai seguir viagem conosco.

— Sim, Rodrigo, pode deixar.

— Agora vá – diz Rodrigo, apressando o amigo.

Leônidas sai à procura de Lucas para avisá-lo das ordens de Rodrigo. Passadas algumas horas, os três estão a seguir viagem rumo à Itália, onde, segundo informações, está acampada a tribo de Manolo que é tio de Rodrigo e lidera uma das maiores tribos ciganas da Europa.

– Senhor, com licença, com licença.

– Sim – diz Rodrigo, virando-se para olhar quem o chama.

– Perdoe-nos, Rodrigo, mas precisamos falar com você.

– Quem são vocês? – diz o cigano.

– Eu me chamo Pablo e esse meu amigo chama-se Ramon.

– Vejo que são ciganos.

– Sim, meu senhor, somos ciganos.

– De onde vêm?

– Estamos vindo do interior, nossa família seguiu para a Itália para encontrar-se com a tribo de Manolo, somos descendentes dele.

– Então somos irmãos.

– Sim, meu senhor, somos irmãos!

– Mas o que os trouxe aqui e por que não acompanharam seus familiares?

– Viemos porque alguns de nossa tribo nos disseram que você estava montando um exército de resistência aos alemães e queremos fazer parte desse seu confiável exército para defender os inocentes – diz Pablo.

– Mas que loucura é essa!? De onde vocês tiraram isso? – diz Rodrigo.

– São os rumores, senhor, os rumores – diz Pablo.

— Mas isso não existe – diz Rodrigo, surpreso.

— É, observamos isso ontem à noite quando chegamos e vimos que não há este ambiente aqui – diz Ramon.

— Pois é isso mesmo, não defenderei ninguém com armas – diz Rodrigo.

— Vimos que fomos enganados. Só agora estamos vendo isso – diz Ramon.

— Pois é isso, Ramon. É esse seu nome?

— Sim, meu senhor, me chamo Ramon.

— Como você pode ver, não há exército nenhum aqui. O que há é uma grande tribo cigana que agora está desfeita para se proteger do inimigo.

— Pois é, senhor, e agora o que faremos?

— Venha comigo, estou indo ao encontro de Manolo para avisá-lo da guerra e traçar com ele um plano de proteção para todos os Gagis.

— Podemos acompanhá-lo nessa viagem? – pergunta Pablo.

— Sim, claro que sim – diz Rodrigo, sinalizando com o braço para que se juntem ao grupo.

— Obrigado, senhor! Então vamos ajudá-lo a arrumar suas coisas e partiremos assim que o senhor determinar.

— Sejam bem-vindos, amigos!

— Obrigado, Rodrigo – diz Pablo.

O tempo é frio, muitas nuvens cobrem o céu tornando o dia cinzento. Após algumas horas, Rodrigo, Pablo, Ramon, Lucas e Leônidas estão a viajar pelas barrentas estradas rumo à Itália.

A chuva começa a cair enlameando o caminho.

"Nossas dúvidas são traidoras e nos fazem perder o que, com frequência, poderíamos ganhar, por simples medo de arriscar."

William Shakespeare

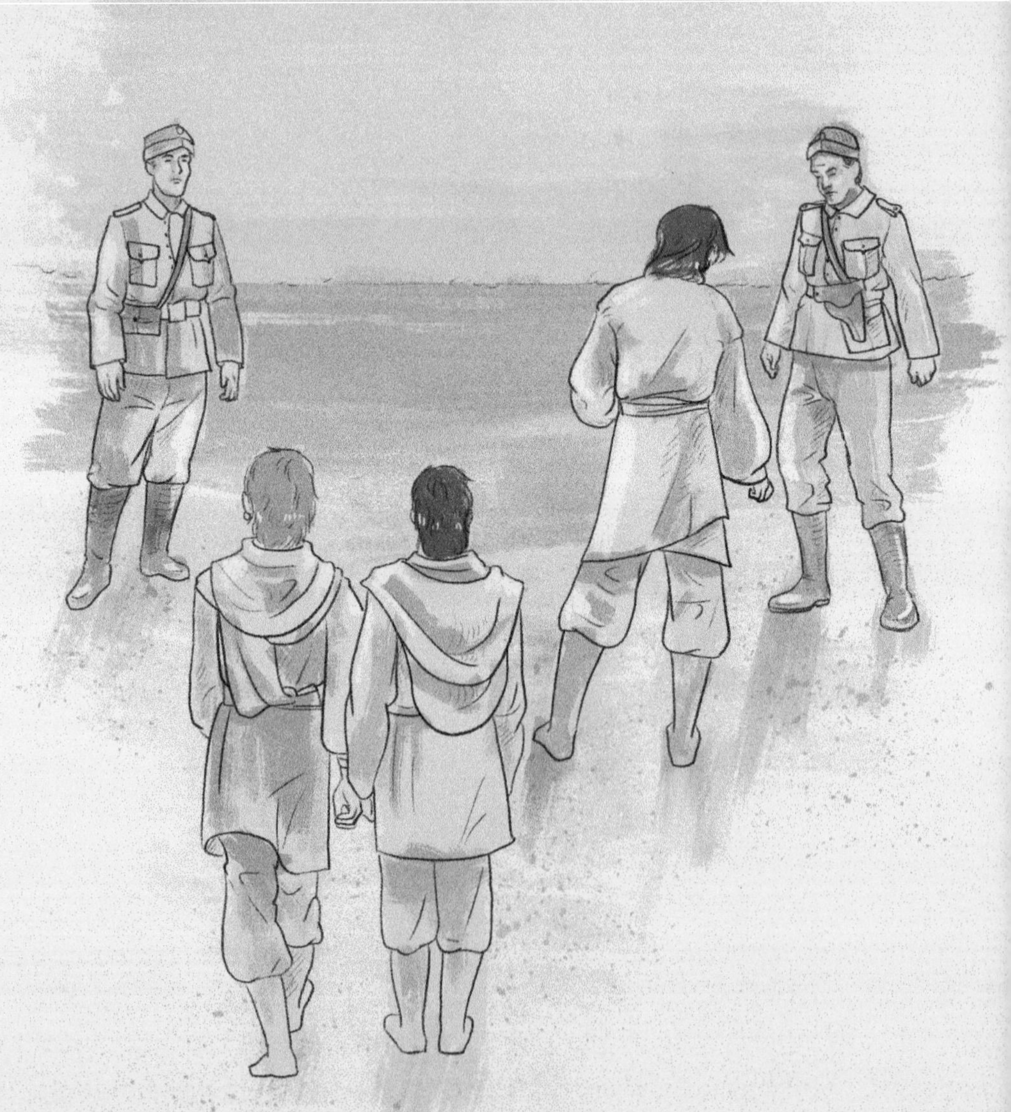

A PRISÃO

Após cinco dias cavalgando, os viajantes se assustam com barulho de tiros, ouvidos ao longe.

– Rodrigo, ouço tiros a distância, você pode ouvir?

– Também estou ouvindo, vamos por essa estrada vicinal, quem sabe assim estaremos seguros. Não temos alternativa, os tiros estão ficando próximos, vamos sair da estrada principal agora – ordena o cigano.

– Vamos, Leônidas.

– Vamos, Lucas, venha atrás de mim – diz o cigano.

– Sim, Rodrigo.

– Ramon, vá por detrás daquela mata com Pablo e verifique se estamos seguros.

– Rodrigo, deixe-me ir na frente fazendo a batedura do caminho.

– Faça isso, Ramon, vá com Lucas; e qualquer coisa, volte correndo e nos avise.

– Sim, senhor – diz Lucas.

– Nós estaremos logo atrás de vocês. Tomem cuidado e nada de gestos de valentia – adverte Rodrigo.

– Sim, Rodrigo, pode deixar.

Ramon e Lucas aceleram a cavalgada adiantando-se à frente do pequeno grupo que ainda tem mais cinco mulas carregadas com os pertences do cigano Rodrigo.

Cavalgando lentamente os três amigos ciganos adentram a uma pequena trilha fechada por árvores. Assim eles se sentem seguros em seguir adiante.

Subitamente, de dentro de um arbusto na beira da estrada, surge um soldado alemão com uma arma em punho.

– Parados! – diz o soldado apontando uma arma para Rodrigo.

– Tenha calma, senhor, só estamos voltando para nossa casa após um dia de trabalho – diz Rodrigo.

– Desçam do cavalo – ordena o soldado.

– Sim, senhor.

Rodrigo entreolha para Lucas, que esboça reação.

– Não venha com gracinhas, que meto-lhe uma bala na cara, rapaz – diz o soldado, apontando a arma para o jovem Lucas.

– Calma, senhor – intercede Rodrigo.

– Lucas, obedeça ao soldado – diz o cigano.

Logo, sem mesmo perceber, vários soldados saem de dentro dos arbustos e cercam o grupo de ciganos.

– Quem são vocês? – pergunta um soldado alemão.

– Somos agricultores, senhor – responde Rodrigo.

– O que fazem por estas bandas?

– Acabamos de entregar alguns alimentos em uma cidadezinha próxima daqui e agora estamos voltando para nossa propriedade.

– O que vocês plantam por lá? – pergunta o soldado, aproximando-se de Leônidas.

– Plantamos tomates e abóboras, senhor.

– E onde estão os cestos que vocês deveriam ter para levar os legumes?

– Deixamos por lá.

– E esses baús, o que têm dentro? – pergunta o líder dos soldados.

– São roupas velhas que trouxemos para nossos familiares – diz Leônidas, se aproximando.

– Soldados, prendam esses homens, essa história não está bem contada. Vamos levá-los para averiguação.

– Sim, meu senhor.

Rodrigo, Lucas e Leônidas são algemados e colocados em fila para andarem atrás do pelotão que agora se formou. Todas as coisas de Rodrigo são apreendidas pelos soldados que não observam ser roupas e apetrechos ciganos.

Escondidos próximos aos soldados estão Ramon e Pablo que observam tudo sem saber o que fazer.

– Veja, Ramon, os soldados prenderam nossos amigos.

– Estou vendo, e agora o que devemos fazer?

– Não sei, são muitos soldados; qualquer reação nossa será um desastre.

– Eu sei disso, e mesmo o Rodrigo disse que não podemos reagir.

— Sim, não temos nenhum treinamento para guerra, e com certeza seremos mortos como moscas sobre um alimento.

— Verdade, mas o que faremos?

— Vamos nos entregar, não podemos ser desleais com o Rodrigo. Todas as informações que temos dele são de que ele é um líder justo e não merece ser traído por ninguém.

— Verdade, desde menino ouço falar da grandeza desse cigano.

— Venha, vamos nos entregar.

— Sim, vamos.

Ramon e Pablo se entregam aos soldados que, surpresos, desconfiam da lealdade deles para com Rodrigo.

— Quem são vocês? – pergunta o soldado que comanda o grupo.

— Somos amigos de Rodrigo.

— Esse Rodrigo parece-me ser importante – diz o soldado, desconfiado.

— Mas por que vocês se entregaram a nós em vez de fugirem?

— Senhor, nós somos leais a nossos amigos, é só isso.

— Lealdade é coisa que não se vê na guerra, amigo, alguma coisa você está me escondendo.

— Senhor, posso lhe falar uma coisa? – diz outro soldado aproximando-se.

— Sim, diga rapaz.

— Eu acho que eles são ciganos.

– Por que você afirma isso?

– Só os ciganos têm cabelos longos, olhe bem o cabelo desse que se chama Rodrigo; ele tem os maiores cabelos que já vi em um homem.

– Soldado, solte esse Rodrigo e traga-o para perto de mim.

Rodrigo é solto e levado para perto do comandante daquele grupo.

– Senhor Rodrigo, fale-me a verdade: o senhor é ou não é cigano?

– Senhor, quero que compreenda minha situação. Vejo que o senhor é um comandante justo, e desta forma nós, que comandamos pessoas, devemos ser justos. Não vou mentir para o senhor, mas peço que solte meus amigos, pois eles nada têm a ver comigo.

– Responda minha pergunta, rapaz! Você é cigano?

– Sim, meu senhor, sou cigano.

– E todos os demais, são ciganos?

– Sim, senhor, somos todos ciganos; e como o senhor sabe, nós, ciganos, não fazemos mal a ninguém, e não temos partido político e nem nos envolvemos em guerras. Somos livres como o vento.

– Compreendo, mas vou conduzi-los a meu comandante-geral. A decisão será dele. Prometo-lhe que os levarei com dignidade, mas não lhes posso garantir o futuro.

– Agradeço-lhe a compreensão.

– Soldado, prenda esse cigano junto aos outros.

– Sim, senhor.

Rodrigo é levado preso com seus amigos.

Após um dia de viagem, vários são os prisioneiros. Todos são ajuntados e seguem em fila para um prédio num pequeno vilarejo já tomado pelos alemães onde são revistados e selecionados. Homens, velhos, mulheres e crianças são tratados com violência e rancor. Famílias são separadas. Rodrigo assiste a tudo quieto, olhando fixamente para Leônidas como se estivesse ordenando para ele não reagir.

Lucas fica quieto e sentado sobre uma pedra, encostado em tábuas de madeira que parecem servir para prepararem caixões. Pablo e Ramon estão amarrados juntos.

O clima é tenso e muitos choram.

A fome e a sede são grandes; todos ficam quietos à espera das decisões que serão tomadas ninguém sabe por quem. Muitos soldados passam para lá e para cá sem ao menos falar com os prisioneiros que ficam amontoados no canto de uma ruela.

As coisas de Rodrigo são levadas pelos soldados para o outro lado da pequena vila, nem mesmo seu cavalo ele consegue ver.

Aproxima-se do grupo de prisioneiros um homem maduro, de cabelos grisalhos, ladeado por uns vinte soldados.

– Fiquem de pé, nosso general deseja falar com vocês – ordena o soldado próximo a Rodrigo.

Todos ficam de pé esperando pelas ordens do general.

– Separem mulheres e crianças e as levem para os campos de concentração – diz o general.

– Sim, senhor.

Gritos de desespero de crianças e mulheres são ouvidos por todos que lamentam tal decisão do general.

O desespero e a correria tomam conta do lugar.

Rodrigo assiste a tudo de pé, olhando fixamente para o general.

– Soldado – diz o general.

– Sim, meu senhor.

– Leve esses jovens homens para ajudar na construção das cercas.

– Sim, meu senhor! E o que faremos com os velhos e as velhas?

– Levem para as câmaras de gás, esses não nos são úteis.

– Sim, meu senhor.

– Com licença, senhor! Posso lhe falar uma coisa? – diz Rodrigo.

– Como ousas falar com nosso general? – intercede um soldado.

– Deixe-o falar, soldado. Diga, senhor, o que deseja falar? – diz o general.

– Senhor, qual seu nome? – pergunta Rodrigo.

– Me chamo Franz. Por que você, meu jovem, deseja saber meu nome?

– Para não esquecê-lo em minhas andanças por aí e em minhas orações.

– Como ousa dizer que ainda tem andanças pela frente, se sou eu quem decide por sua vida?

– Sei que todo homem tem sobre si o peso de suas decisões nesta vida. Não sei se terei a oportunidade de encontrá-lo novamente, mas nas vidas futuras, não tenha dúvida de que estarei sempre perto de você para cobrar por suas decisões mal pensadas.

– Quem é essa figura, soldado? – pergunta o general, contrariado.

– É um cigano que prendemos na estrada, vindo para cá, juntamente com mais esses que estão aqui – diz o soldado apontando para os amigos de Rodrigo.

– Vocês, ciganos, são mesmo malucos. Como ousas falar assim comigo?

– Perdoe-me, senhor, não queria ofendê-lo. Minha intenção é alertá-lo para suas decisões.

– Alertar-me de que, homem?

– Tudo o que semeares nesta vida, terás a obrigação de colher em suas vidas futuras. É só isso.

– Só me faltava essa – diz o general (risos).

– Leve estes ciganos para ajudarem na construção das cercas.

– Sim, senhor.

– Ah, e aproveite para orar bastante para eu não decidir botá-los nas câmaras de gás (risos).

– Vou orar muito pelo senhor, Franz – diz Rodrigo.

Rodrigo e seus amigos, com um grupo de aproximadamente vinte homens, são levados e alimentados. Dormem durante a noite em uma pequena cela que mal dá para o grupo. No dia seguinte são levados para capinarem e construírem uma cerca em volta do campo de concentração para onde milhares de judeus e outros são levados diariamente.

Ramon deixa o que está fazendo e se aproxima de Rodrigo.

– Rodrigo, Rodrigo!

– Sim, Ramon.

– Por que você falou aquilo para o general alemão?

– Aquilo o quê? – diz Rodrigo.

– Aquilo de orar por ele.

– Fiz que ele pensasse em outra coisa a não ser nos matar. Forcei-o a refletir sobre suas atitudes.

– Caramba, como você é inteligente, hein Rodrigo?!

– Na verdade, tenho pena desse homem, pois comandar a morte de muitos certamente o fará ficar pela eternidade sofrendo as consequências de seus atos.

– Não tenha dúvida disso, meu querido amigo, não tenha dúvida – diz Leônidas, que sempre está perto de Rodrigo.

– Eu preciso lhe falar outra coisa – diz Lucas.

– Diga, meu migo.

– Descobri um jeito de fugirmos daqui – insiste o jovem.

– Como assim? – diz Pablo, curioso.

– Olhem aquele caminhão parado lá fora.

– Sim, o que tem ele? – pergunta Rodrigo.

– Ele é de um agricultor que traz alimento dia sim, dia não para o rancho. Repare que ele vem carregado e sai vazio. Ele deixa tudo o que traz aqui.

– Sim, mas e daí? – diz Rodrigo.

– Conversei com ele dizendo que você estava preso aqui, Rodrigo, e ele conhece você. Ele me disse que está disposto a tudo para ajudá-lo a sair daqui.

– Qual o nome dele? – pergunta Rodrigo.

– Felipe, ele se chama Felipe.

– Não me lembro de nenhum Felipe – diz Rodrigo.

– Isso não importa, amigo, o que importa agora é que temos um jeito de sair daqui – diz Lucas.

– Quem irá conosco? – pergunta Ramon.

– Não cabe muita gente no pequeno caminhão, mas acho que se nos apertarmos, poderemos ir todos nós – diz Lucas.

– Não sei se é seguro – diz Leônidas.

– É seguro sim! Aceite a oferta, Rodrigo, por favor!

– Querido Ramon, minha preocupação não é com você e os demais amigos, o problema é que quando os alemães derem por nossa falta o primeiro a morrer será o Felipe.

– Entendo, mas posso tentar convencê-lo a seguir conosco, para a Europa.

– Se você convencê-lo, poderemos aceitar sua ajuda – diz Rodrigo.

– Vou conversar com ele amanhã quando for ajudá-lo a descarregar o caminhão – diz o jovem, convencido da missão.

– Está bem – diz Rodrigo.

Todos voltam ao trabalho normalmente, evitando a desconfiança dos guardas.

"Ampara e ajuda a todos, desde a criança desvalida, necessitada de arrimo e luz para o coração, até o peregrino sem teto, hóspede errante das árvores do caminho."

Eurípedes Barsanulfo

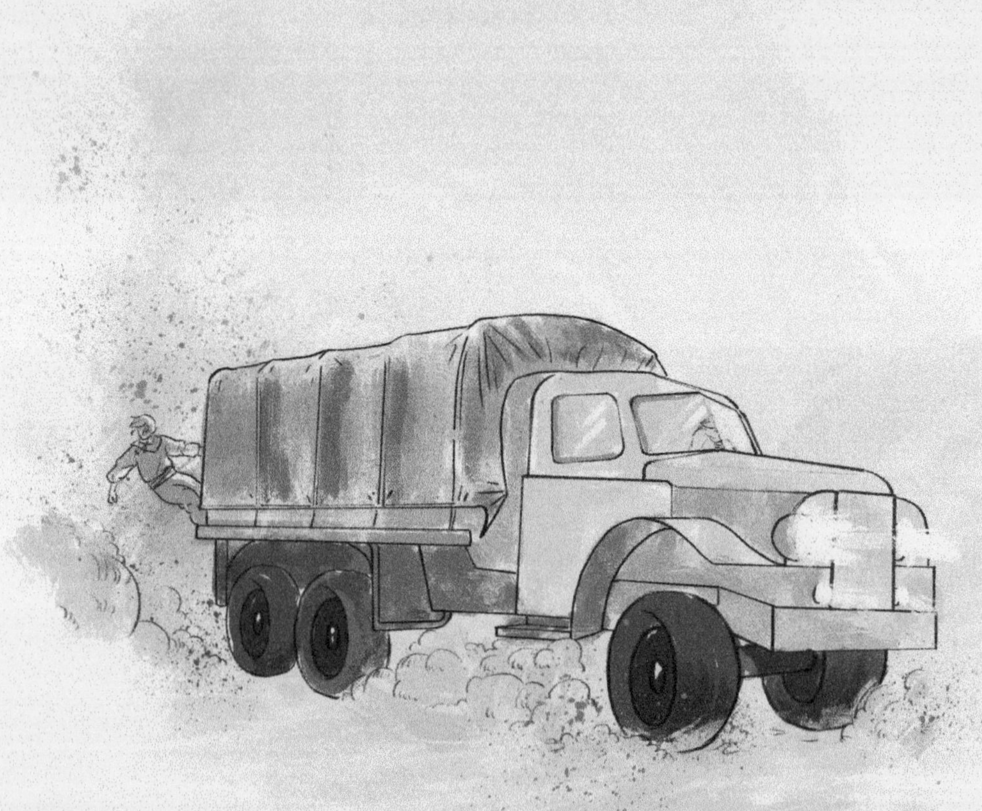

A FUGA

Lucas consegue convencer Felipe a não mais fornecer alimentos para o Reich alemão e fugir com o grupo de ciganos para a Europa.

Após acertarem todos os detalhes, finalmente chega o dia da fuga.

– Silêncio, não façam barulho – diz Lucas aproximando-se do grupo que está descansando depois de um dia de muito trabalho.

– O que houve, Lucas?

– Falei com o Felipe, ele disse que no próximo domingo virá aqui para trazer mais alimentos e será a oportunidade de fugirmos sem sermos percebidos, já que o número de soldados é menor, e ainda o tempo está ajudando.

– Sim, não para de chover há dias – diz Leônidas.

– Isso mesmo – concorda Rodrigo.

– Ele vai aceitar fugir conosco? – pergunta o cigano.

– Sim, ele me disse que sim, que prefere morrer a continuar a dar alimentos para os alemães.

– Pois bem, combine com ele nossa fuga para domingo – diz Rodrigo, confiante.

– Pode deixar.

– Vá e faça isso.

– Sim, Rodrigo, e obrigado por confiar em mim – diz Lucas.

– Cuidado, rapaz, você ainda é muito jovem – diz Rodrigo, preocupado.

– Pode deixar, sei me cuidar – diz Lucas, feliz.

Os trabalhos transcorrem dentro da normalidade durante aquela semana. O sábado é bem chuvoso e frio, o que certamente irá auxiliar Rodrigo e os demais ciganos a fugirem; todos estão muito ansiosos e nervosos.

Noite de sábado

Muitos tiros são ouvidos, e todos levantam-se de suas camas assustados.

– O que é isso? – pergunta Rodrigo.

– Não sei, parece que estão tentando invadir esse lugar.

– Quem, santo Deus, ousaria invadir um acampamento alemão?

– Não faço nem ideia, mas olhe lá fora: há diversos soldados feridos.

Muitos tiros e bombas são ouvidos por todos, fragmentos de telhas e pedaços de madeira batem a todo tempo nas paredes do pequeno presídio onde Rodrigo e os demais estão trancados dentro de uma cela.

Uma granada é atirada na parede esquerda da cela, que abre um grande buraco por onde os presos começam a fugir.

– Vamos, Rodrigo – diz Leônidas.

– Não saiam de perto de mim – diz o cigano.

– Meu Deus, Rodrigo, todos estão fugindo, olhe – diz Pablo, nervoso.

– Vamos esperar o melhor momento – alerta o cigano.

Lucas olha para fora e volta assustado.

– Eles estão atirando em todo mundo lá fora; Rodrigo tem razão, se sairmos daqui agora vamos morrer.

– O que faremos então, Rodrigo? – pergunta Ramon.

– Esperem! Ao meu sinal, sairemos e vamos correr para as cercas onde nós trabalhamos hoje – diz Rodrigo.

– Mas a cerca vai nos impedir de sair, Rodrigo – diz Lucas.

– Confiem em mim, eu sei o que faço.

– Sim, Rodrigo, quando for para sairmos, nos avise.

– Fiquem atentos! Assim que tivermos uma oportunidade, eu aviso a todos – diz Rodrigo.

Muitos tiros e bombas explodem em volta do acampamento, o fogo começa a tomar conta de tudo. Calmamente Rodrigo espera o melhor momento para sair.

– Atenção, senhores... vamos... – diz Rodrigo.

Todos saem correndo em direção contrária à dos tiros e vão para o local de trabalho daquele dia.

Rodrigo é o primeiro a chegar próximo à cerca de arame. Todos chegam após ele.

– Nossa, Rodrigo, pensei que não conseguiríamos! – diz Lucas.

– Agora pegue este alicate e vamos cortar uma parte da cerca para sairmos – diz Rodrigo.

– Sim, vamos.

Leônidas pega um pequeno alicate que estava nas mãos de Rodrigo e começa a desfazer uma parte da cerca.

Um buraco é aberto.

– Como você conseguiu esse alicate, Rodrigo? – pergunta Lucas.

– Ele já está comigo há dias – diz o sábio cigano.

– Venha, vamos – diz Leônidas.

Todos saem pelo buraco feito por Leônidas e escondem-se em arbustos à beira de uma pequena estrada que dá acesso ao grande portão central do acampamento.

– E agora, Rodrigo, o que faremos? – pergunta Pablo.

– Está muito frio para sairmos por aí, vamos para debaixo daquelas árvores esperar amanhecer.

– Mas os soldados vão nos procurar.

– Não tenha dúvida disso, mas até eles se organizarem estaremos longe daqui.

– Mas como vamos tão longe, sem equipamentos e nada para nos proteger? – pergunta Lucas.

– Confiem em minhas preces, logo estaremos em local seguro – diz o experiente cigano.

– É isso, gente! Confiem em Rodrigo – dia Leônidas.

A noite é longa. Rodrigo e seus amigos assistem a mais um massacre dos alemães ao pequeno exército de camponeses que tentaram salvar algumas vidas. Inútil, pois o poderio alemão é muito grande. Uma grande pilha de corpos é feita no meio do grande pátio onde são queimados.

Amanhece, e o caminhão de Felipe é avistado por Ramon.

– Olha, Rodrigo, Felipe está vindo em nossa direção.

– Não faça nada, vou deixar um sinal para ele.

Rodrigo tira uma pedra do chão e fica aguardando a passagem do caminhão. Logo que ele se aproxima Rodrigo atira a pedra, chamando a atenção de Felipe, que percebe o truque e faz um sinal de positivo para ele.

– Nossa, Rodrigo, ele nos viu! – diz Ramon.

– Sim, Ramon, ele nos viu; agora é esperarmos ele voltar, daí pegamos o caminhão e sumimos daqui – diz Rodrigo.

– Sim, vamos esperar – diz Leônidas.

O plano deu certo. Após descarregar o caminhão, Felipe volta lentamente pela estrada e todos os ciganos são salvos e seguem viagem segura para fora da área dominada pelos alemães.

Rodrigo segue até a Itália, onde se encontra com Manolo, e consegue finalmente fugir salvando todos os seus amigos incluindo o mais novo membro, Felipe.

"Aquele que pouco semeia, igualmente, colherá pouco, mas aquele que semeia com generosidade, da mesma forma colherá com fartura."

2 Coríntios 9:6

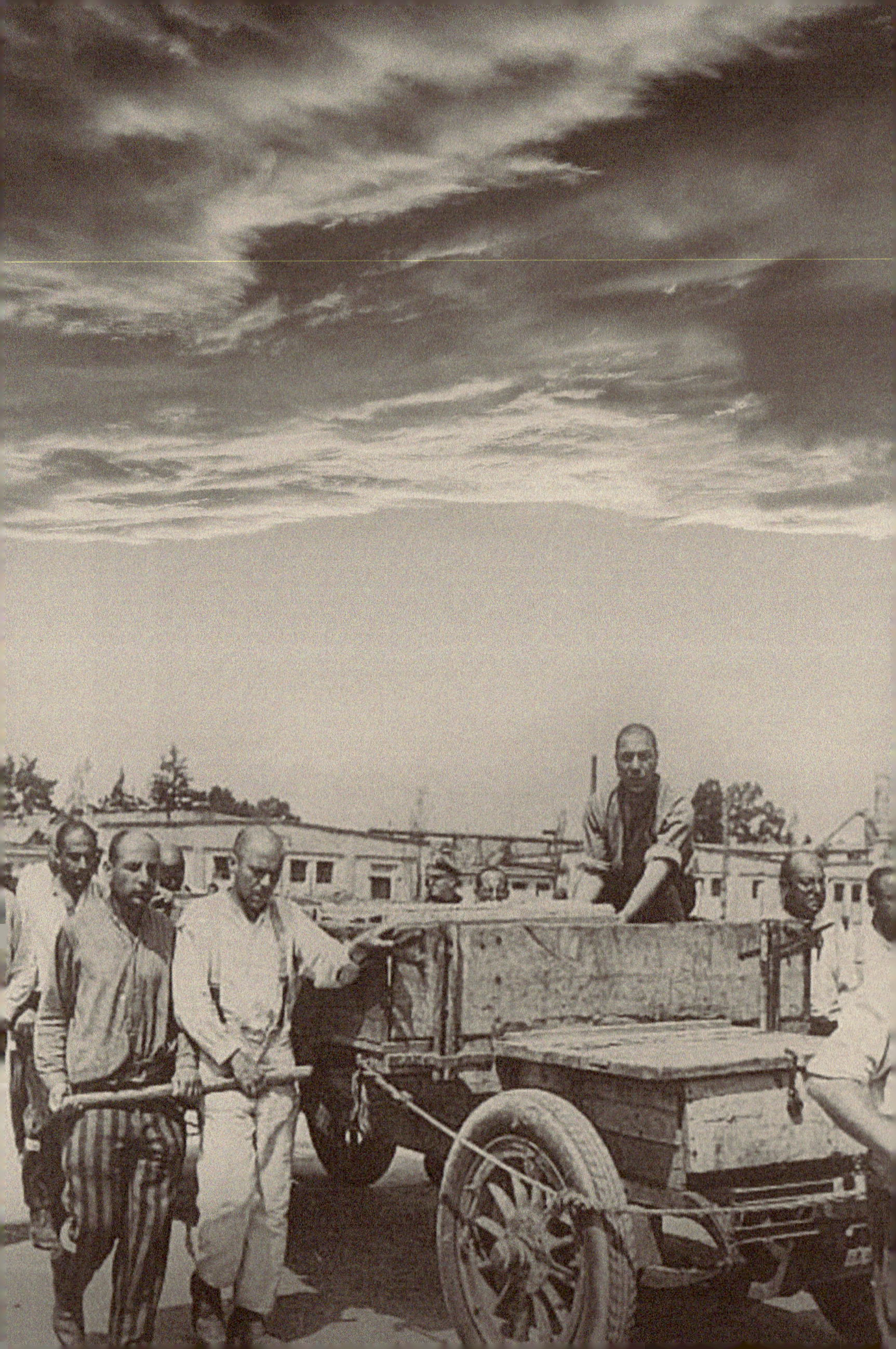

Osmar Barbosa

CAMPOS DE CONCENTRAÇÃO

Entre 1933 e 1945, a Alemanha nazista construiu cerca de 20 mil campos para aprisionar milhões de vítimas. Os campos eram utilizados para várias finalidades: campos de trabalho forçado, campos de transição (que serviam como estações de passagem), e campos de extermínio, construídos principalmente ou exclusivamente para assassinatos em massa. Desde sua ascensão ao poder, em 1933, o regime nazista construiu uma série de centros de detenção destinados ao encarceramento e eliminação dos chamados "inimigos do estado". A maioria dos prisioneiros dos primeiros campos de concentração era formada por alemães considerados inimigos do nazismo: comunistas, social-democratas, ciganos Roma, testemunhas de Jeová, homossexuais e pessoas acusadas de exibir um comportamento "antissocial" ou fora dos padrões sociais. Estas instalações eram chamadas de campos de concentração, porque nelas os detentos ficavam fisicamente "concentrados".

Após a anexação da Áustria pela Alemanha, em março de 1938, os nazistas prenderam e encarceraram judeus-alemães e austríacos nos campos de concentração de Dachau, Buchenwald e Sachsenhausen, todos localizados na Alemanha. Logo após o violento massacre de *Kristallnacht* – Noite dos Cristais Quebrados –, em novembro de 1938, os nazistas efetuaram prisões em massa de judeus adultos, encarcerando-os nos campos por breves períodos.

Depois da invasão da Polônia, em setembro de 1939, os nazistas abriram campos de trabalho forçado onde centenas de milhares de prisioneiros morreram de exaustão, inanição e maus-tratos. As unidades da SS faziam a guarda dos campos. Durante a Segunda Guerra Mundial, o sistema de campos de concentração nazista se expandiu rapidamente. Em alguns campos, médicos nazistas usavam os prisioneiros como cobaias em suas experiências "médicas".

Após a invasão alemã da União Soviética, em junho de 1941, os nazistas aumentaram o número de campos para prisioneiros de guerra (POW), e alguns campos novos foram construídos para abrigá-los dentro de complexos onde já existiam campos de concentração, como o de Auschwitz, na Polônia ocupada. O campo de Lublin, mais tarde conhecido como Majdanek, foi construído no outono de 1941 como campo de prisioneiros de guerra, transformando-se em campo de concentração em 1943. Ali, milhares de prisioneiros de guerra soviéticos morreram fuzilados ou envenenados por gás.

Para facilitar a "Solução Final", o genocídio ou destruição em massa de judeus, os nazistas construíram campos de extermínio na Polônia, o país com a maior população judaica. O objetivo dos campos de extermínio era facilitar o assassinato em massa. Chelmno, o primeiro campo de extermínio, foi aberto em dezembro de 1941, e nele, judeus e ciganos foram mortos por envenenamento em furgões com canos de escapamento que soltavam gás para dentro dos veículos onde eles eram colocados. Em 1942, os nazistas construíram os campos de extermínio de Belzec, Sobibor e Treblinka, para matar ainda mais sistematicamente os judeus do *general government*, como era conhecido o território no interior da Polônia ocupada.

Os nazistas construíram câmaras de gás para tornar o processo de assassinato em massa mais eficiente, rápido e menos pessoal para os executores. Câmaras de gás eram aposentos fechados que recebiam gás letal em seu interior para matar por asfixia a quem estivesse dentro. Havia quatro câmaras de gás no campo de extermínio de Birkenau, localizado no complexo de Auschwitz. No auge das deportações para o campo, mais de 6 mil judeus eram diariamente envenenados por gás naquele campo.

Os judeus das terras ocupadas pelos nazistas foram os primeiros a serem deportados para os campos de transição, como o de Westerbork, na Holanda; ou de Drancy, na França, de onde eram posteriormente enviados para os centros de homicídio na Polônia ocupada. Os campos de transição geralmente eram a última parada antes da deportação para um campo de extermínio.

Milhões de pessoas foram aprisionadas e submetidas a todo tipo de abuso nos campos nazistas. Só nos campos de extermínio, sob a administração da SS, os alemães e seus colaboradores mataram cerca de 2,7 milhões de judeus. Apenas uma pequena parte dos prisioneiros que lá foram colocados conseguiu sobreviver.

* * *

Franz foi um dos generais que comandaram tamanha atrocidade.

– General, cumprimos suas ordens.

– Quantos foram mortos hoje? – pergunta Franz.

– Trezentos e vinte judeus e cento e cinquenta e dois ciganos – informa o sargento.

– Muito bom, muito bom, meu rapaz. Amanhã irei pessoalmente acompanhar a morte desses miseráveis – diz Franz.

– Sim, meu senhor.

– Agora avise a governanta que quero jantar.

– Sim, meu senhor.

Lorenz, uma linda e jovem dama, está sentada em uma confortável poltrona de cor vermelha na mesma sala onde Franz está despachando.

– Querido, perdoe-me interromper, mas como você consegue comer depois de uma notícia tão terrível – diz Lorenz, sua esposa.

– Que notícia terrível o quê! Essa prole tem mesmo é que ser exterminada da face da Terra. Se você se sente incomodada, por favor saia daqui e me deixe a sós – diz o general, aborrecido com a intromissão da esposa na frente de seus comandados.

– É isso que farei, meu general. Sabes que não consigo aceitar que milhares de mulheres e crianças sejam assassinadas a mando de Hitler – diz Lorenz, levantando-se e expondo sua linda silhueta.

– Mulher, cale logo essa boca e trate de mandar a governanta servir-me.

– Sim, meu senhor – diz Lorenz.

Lorenz é esposa de Franz e vive muito triste com os acontecimentos e com as decisões do marido. Mãe dedicada, cuida com esmero e carinho do único filho do grande general chamado Franz.

Após jantar e bebericar algumas doses de uísque com alguns convidados, Franz resolve deitar-se para dormir.

– Minha senhora, apronte minha cama que vou deitar-me para dormir – diz o general.

– Sim, meu senhor – diz a dedicada esposa.

Lorenz carinhosamente apronta a cama confortável para o general, seu marido, descansar de um dia de comando à frente do Reich.

Após algumas horas, Franz acorda com uma dor insuportável no peito que mal consegue respirar. Apavorado, ele estende suas mãos à procura da esposa na cama. Lorenz, ao perceber que o marido está passando muito mal, se afasta e fica a observar a morte lenta e desesperada do general, que agoniza por algumas poucas horas antes de finalmente morrer de um infarto.

Lorenz sente um misto de tristeza e alegria ao ver seu miserável marido sofrendo de dor antes de deixar a carne. Mas se sente aliviada, pelo menos Franz não ordenará mais a morte de ninguém – pensa ela.

Poucas pessoas comparecem ao funeral do general que rapidamente é substituído pelo alto comando alemão.

Sua esposa e filho são levados para viver na Alemanha.

Franz então é rapidamente esquecido por seus comandados.

"Quando vires um homem bom, tenta imitá-lo; quando vires um homem mau, examina-te a ti mesmo."

Confúcio

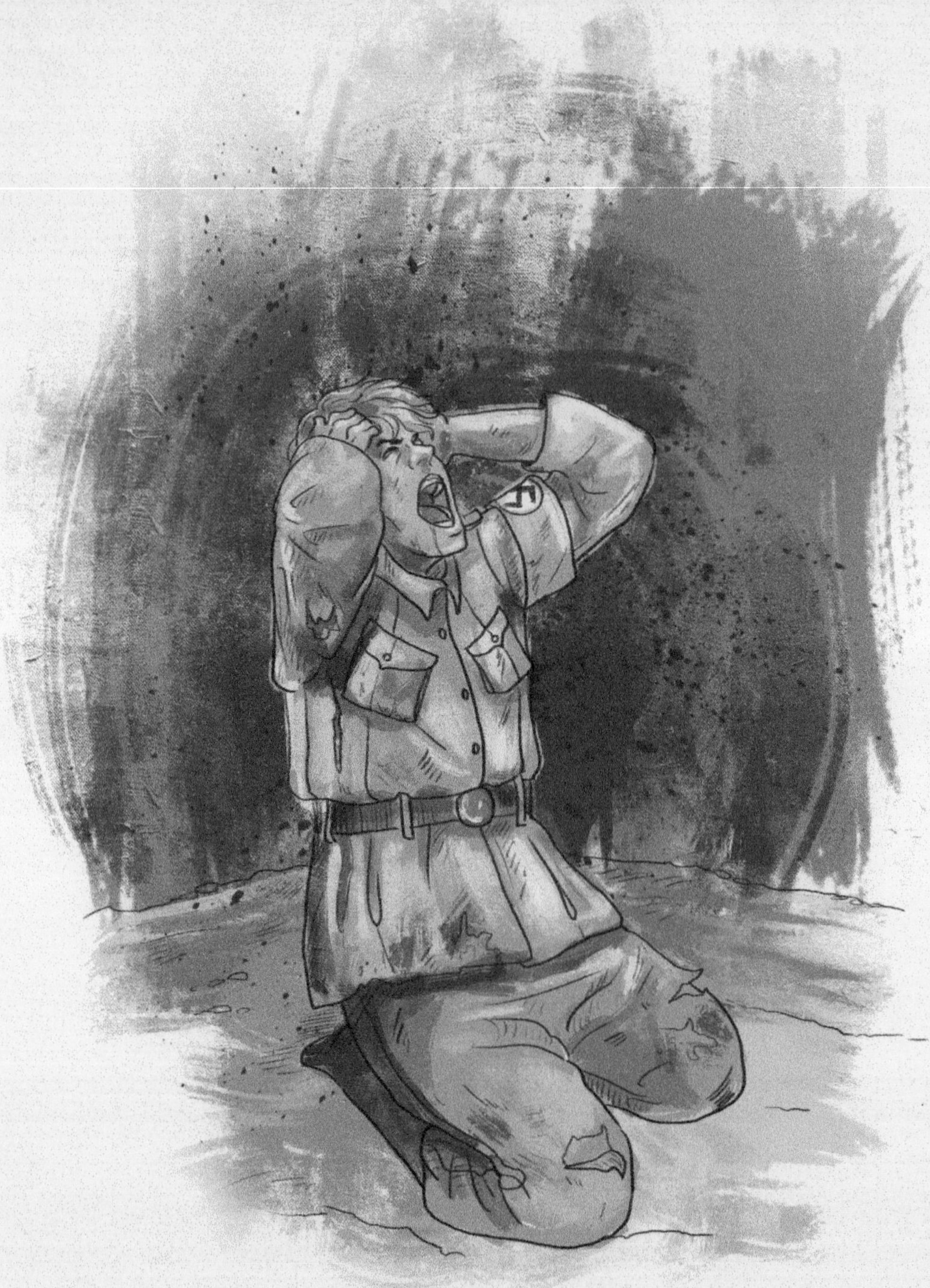

O Umbral

O Umbral é uma região destinada ao esgotamento dos resíduos mentais, uma espécie de zona purgatória, onde se corrige à prestação, o material deteriorado das ilusões adquiridas por atacado, menosprezando o sublime ensejo de uma existência terrena. Concentra-se aí tudo o que não tem finalidade para a vida eterna. Exemplo: a vingança, o ódio, a inveja, o rancor, a raiva, o orgulho, a soberba, a vaidade, o ciúme e tudo aquilo que é contrário à lei de Deus.

O espírito impregnado por esses sentimentos se encontra intoxicado. Todas as pessoas se atraem por afinidades e semelhanças. Isto acontece na Terra e no mundo espiritual. Desta forma, todas as pessoas com sede de vingança, por exemplo, acabam se atraindo para as localizações comuns do outro lado da vida. E juntas, as forças mentais desses espíritos encarnados ou desencarnados, acabam construindo um ambiente para eles. Fica fácil perceber que um local repleto de pessoas emocionalmente desequilibradas que estão unidas pelo pensamento não é um local bonito e nem tampouco agradável.

Desta forma, o Umbral é o lugar que reflete nossos pensamentos, desejos e vontades. Quando nosso sentimento, desejo ou vontade se alinha ao desejo de inúmeras pessoas, nos assemelhamos a elas em sentimentos que podem ser negativos ou benéficos. Os sentimentos negativos intoxicam a alma e dificultam, ou até mesmo impedem nossa evolução. Na Terra, só é possível ajudar as pessoas que querem receber ajuda, assim é também na vida espiritual. Se você sofre por ter dentro de si o sentimento de vingança, só poderá ser curado deste sofrimento se conseguir perceber que precisa de ajuda. Somente nesta situação você consegue ser ajudado, somente colocando o amor dentro de seu coração você conseguirá sair do Umbral.

O Umbral é um lugar de pouca luminosidade, pois o sol aparece fraco e sempre entre nuvens escuras. O solo é lamacento. As árvores estão mortas. Há aves que sobrevoam os que lá estão a todo momento, são como urubus, só que bem maiores do que aqueles que conhecemos. O ambiente é triste e solitário.

Franz está em uma zona escura, deitado sobre um descampado lamacento.

– Acorde, infeliz, acorde!

– Hmm, quem é? – diz Franz.

– Acorda, seu miserável desgraçado! Agora você vai pagar por todas as almas que fez sofrer nas câmaras de gás, seu infeliz, miserável, desgraçado – dizem dois espíritos que se aproximam.

– Mas quem são vocês? – pergunta o atordoado Franz.

– Você quer saber realmente quem eu sou? – pergunta um deles.

– Sim, que lugar é este? Está tão escuro! Quem me trouxe para cá? O que houve?

– Você está no inferno, seu desgraçado! Morreu que nem sentiu, né, seu porco imundo – diz o espírito zombeteiro.

– Quem é você? – pergunta Franz, ainda sonolento.

– Sou eu quem vai lhe infernizar pelo resto de sua vida, seu monstro assassino, miserável!

– Mas não estou entendendo... O que aconteceu comigo?

– Você morreu, seu porco imundo! Você morreu, desgraçado! – diz o espírito.

– Mas você tem que me respeitar, não está vendo minha farda? Sou um general (risos e gargalhadas).

– Você só pode estar brincando. Ainda não entendeu que já morreu e que agora não é mais nada, seu porco imundo? E que tem que me pedir para andar aqui neste lugar?

– Me respeite, sou um general! – diz Franz.

Uma luz muito forte clareia todo o lugar e se aproxima lentamente. A luz incomoda e afasta de Franz os obsessores que, incomodados, saem correndo do lugar.

– Lá vem esses caras para cá. Vou ter que sair agora, mas eu volto para lhe perturbar, seu desgraçado. Não se esqueça, eu volto – diz o obsessor se afastando rapidamente.

– Que luz é essa? Que é isso? – diz Franz.

Uma voz suave começa a falar com Franz.

– Fique calmo, precisamos conversar – diz o mais ilustre visitante.

– Mas quem é você? O que é isso? – diz Franz.

Daniel aparece para Franz. Ele está vestindo uma batina marrom que vai até os pés e usa sandálias franciscanas. Os traços suaves em seu rosto escondem uma barba rala ainda por fazer.

– Fique calmo, Franz, me chamo Daniel – diz o iluminado se aproximando.

– Daniel, quem é você? Eu nunca ouvi falar de você – diz Franz.

– Eu sei disso, meu amigo, mas vim para lhe ajudar, fique calmo.

– Como assim, me ajudar?

– Você terminou sua missão na Terra como encarnado. Infelizmente você a terminou da pior maneira possível, e estou aqui para lhe orientar e principalmente ajudar – diz Daniel com uma voz suave e serena.

– Olha, senhor, confesso que não estou entendendo nada do que está me acontecendo. Ainda há pouco eu estava em casa deitado na cama com minha esposa. Agora acordo aqui neste sonho louco com um maluco me perturbando. Daí me aparece você. Quero acordar logo deste sonho maluco – diz Franz.

– Isso não é um sonho, Franz, isso é a sua realidade – diz Daniel.

– Como assim, senhor? Eu sou um soldado alemão, não está vendo? Aliás, não sou um soldado, sou um general. E como tal, exijo ser tratado.

– Franz, aqui os cargos se definem por outras qualidades – diz Daniel.

– Como assim *por outras qualidades*?

– Aqui não existem generais, aqui só existe sofrimento, dor e tristeza.

– Você só pode estar de brincadeira comigo. Me tira logo desse sonho, vai.

– Isso não é um sonho, isso é a sua realidade.

– Como assim, *minha realidade*?

– Você viveu para a maldade – diz Daniel.

– Que maldade que nada! Eu sou um general e estamos em guerra, sigo o que me é ordenado.

– Esse foi o seu grande erro, Franz. Algumas vezes Deus tocou seu coração. Algumas vezes Ele usou sua amada esposa para lhe alertar de suas faltas para com as vontades do Pai. Em outras vezes Ele usou outras pessoas para alertá-lo de que sem o amor ao próximo nada se consegue na existência.

– Não me venha com esse papo de Deus e blablablá, não. Uma vez um jovem cigano me disse para eu repensar minhas atitudes, e realmente repensei o que deveria fazer com ele. A princípio, eu iria mandá-lo para a câmara de gás, mas gostei do jeitinho dele e lhe poupei a vida. Logo depois ele fugiu com seus amigos e eu ordenei aos meus soldados que o deixassem para lá. Isso não me vale alguma coisa aqui?

– É justamente por isso que estou aqui.

– Como assim? Esse gesto me ajudou?

– Sem sombra de dúvida, seu gesto de caridade lhe ajudou muito e poderá ajudar ainda mais.

– O que devo fazer?

– Vamos fazer assim: você vai dormir mais um pouco e depois conversaremos sobre tudo o que você precisa saber daqui para frente – diz Daniel.

– Dormir, como assim? Eu não estou com sono. Aliás, nem sabia que ainda estaria vivo – diz Franz.

– É melhor que você descanse um pouco, depois conversaremos melhor. Agora durma.

Sem mesmo tentar responder, Franz desaba como se estivesse desmaiando e entra em sono profundo. Dois ajudantes de Daniel aparecem com uma maca e o colocam sobre ela e levam o destemido general para a Colônia Espiritual Amor & Caridade.

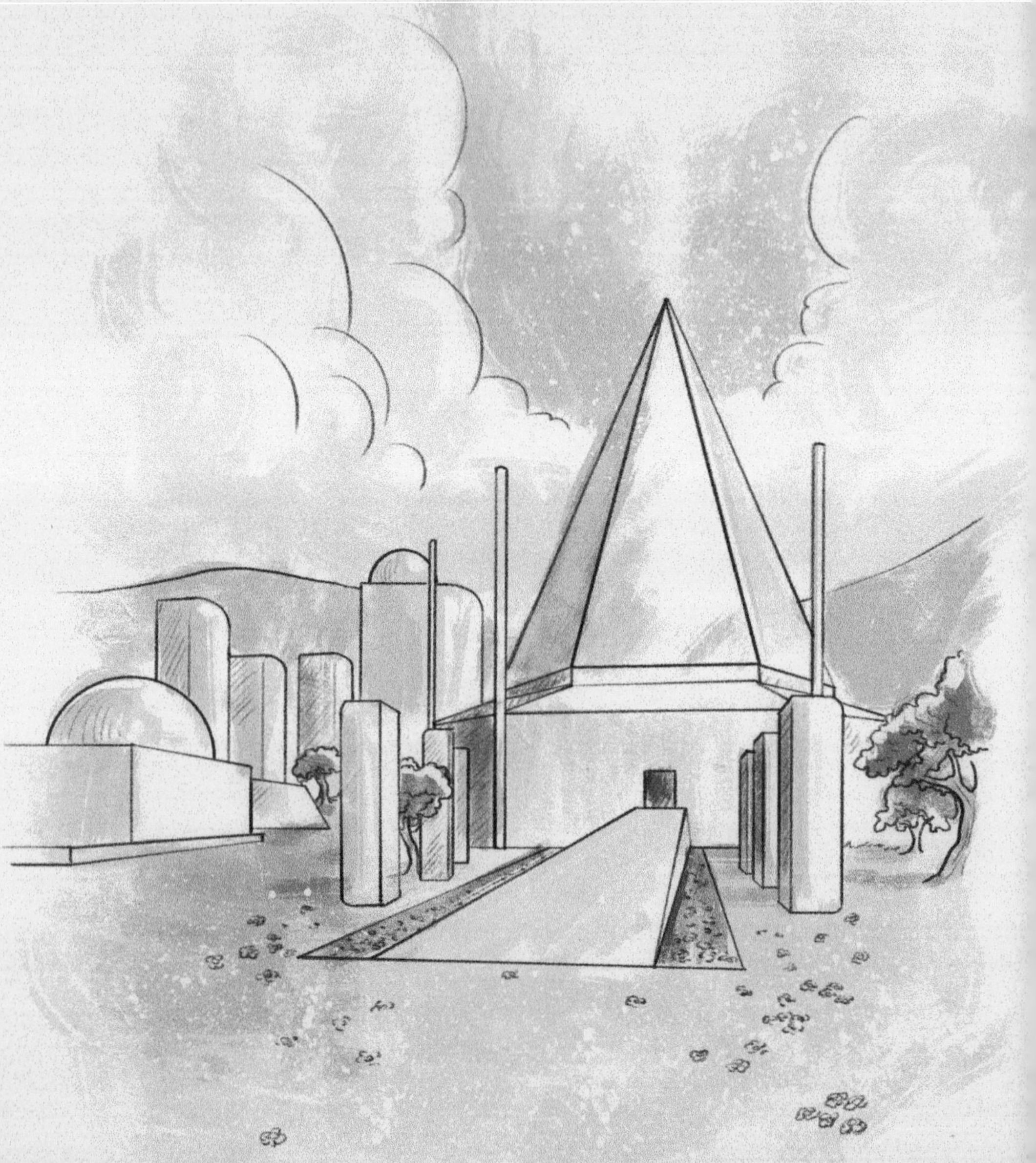

Nova chance

Franz é trazido para a colônia e colocado em uma das enfermarias, em uma cama que flutua. O ambiente é de muita tranquilidade e sereno. Uma luz violeta ilumina todas as macas e o ambiente. Há um ponto de luz direcionado diretamente para a testa dos pacientes que estão deitados e dormindo. É uma luz forte e que tem o objetivo de refazimento das lembranças das vidas anteriores.

São aproximadamente oitenta pacientes colocados em fileiras nas laterais da ampla sala de atendimento.

Alguns espíritos iluminados transitam entre eles passando as mãos sobre a fronte dos pacientes. O ambiente é de um silêncio inexplicável.

Daniel está ao lado de Franz passando as mãos sobre o rosto do recém-chegado quando é interrompido por Marques.

– Resolveu trazê-lo, Daniel?

– Sim, Marques, já está na hora de tudo se concretizar.

– Quer que eu faça alguma coisa em especial por ele?

– Não, não é necessário. Deixe-o dormir.

– Sim, senhor – diz Marques.

– Vou preparar seu gabinete para que possa descansar da viagem ao Umbral.

– Obrigado, Marques.

Marques se afasta a passos curtos e rápidos indo preparar o ambiente de descanso de Daniel.

Daniel é o presidente da Colônia Espiritual Amor & Caridade. Ele foi escolhido para administrar a colônia por Catarina de Alexandria, que é a mentora espiritual deste núcleo. Amor & Caridade funciona dentro da Colônia das Flores. Daniel é um espírito muito iluminado, que já viveu diversas encarnações.

Essa colônia é composta por treze grandes galpões, dos quais, três são dedicados à recuperação, transição e realinhamento por meio de terapias do sono e passes dados por espíritos auxiliares.

Outros quatro galpões servem de enfermaria. Neles, os pacientes na idade adulta que desencarnam em hospitais, vítimas de câncer, são acolhidos.

Outros dois galpões são especialmente destinados às crianças, também vítimas de câncer.

Há um outro, o maior de todos, onde funciona o setor administrativo, com amplas salas e teatros. Nele, são feitas as reuniões com espíritos que estão espalhados sobre a Terra em casas espíritas e centros cirúrgicos de hospitais.

Os três galpões que faltam mencionar funcionam como centros de treinamento e escola.

Há em toda a colônia amplos jardins, lagos e praças, onde os espíritos recolhidos se encontram para lazer e orações contemplativas.

As praças são extensas e gramadas, com diversos brinquedos semelhantes aos da Terra para as crianças. Centenas de espíritos desta colônia trabalham entre nós, em centros espíritas, hospitais, igrejas e orfanatos. Auxiliam-nos em nossa evolução pessoal. Espalham sobre nós fluidos necessários a nosso equilíbrio na Terra, nos alinhando, nos protegendo e auxiliando-nos a seguir em frente.

Muitos deles são mentores espirituais, ou o que chamamos de anjos da guarda.

Todos são mensageiros do bem. Por vezes eles vêm em missão de ajuda e socorro a espíritos afinados com eles, pelas vidas anteriores e que ainda necessitam estar vivenciando o dia a dia da Terra para seu desenvolvimento pessoal e aperfeiçoamento espiritual, atingindo assim a tão esperada perfeição.

As colônias espirituais foram criadas para receber todos os espíritos que estão encarnados na Terra. Existem milhares de colônias espalhadas sobre o globo terrestre, pois assim Deus auxilia todos os seus filhos a seguirem em frente, em busca da tão sonhada perfeição espiritual.

Após dar o passe em Franz, Daniel se dirige à sua sala para o descanso merecido. Logo é interrompido por Nina que deseja lhe falar sobre Franz.

– Olá, Daniel, posso interromper seu descanso?

– Sim, claro, Nina, entre e sente-se.

– Perdoe-me, mas o assunto é de extrema urgência – diz Nina.

– Nina, você está cansada de saber que espíritos não necessitam de descanso, já não tenho mais o corpo que me cansava muito.

– Eu sei, Daniel, que quando falamos que precisamos de descanso, na verdade precisamos de algum tempo sozinhos para refletirmos sobre nossas atitudes e nossa caridade.

– Sim, Nina, é isso – diz Daniel.

Nina senta-se em uma confortável cadeira de cor branca colocada estrategicamente à frente da ampla mesa de Daniel.

– O que você deseja, Nina? – pergunta Daniel.

– Gostaria de conversar com você sobre o Franz.

– Sim, vamos conversar.

– Eu sei que temos um baita problema pela frente, e Angelina não vai suportar tudo o que Franz tem que passar para ajustar-se à vida espiritual. Por outro lado Angelina é um espírito que deseja fervorosamente a evolução. E sendo assim, tem que compreender que para se alcançar um objetivo, temos que superar as nossas dificuldades e adversidades, que na verdade são as ferramentas evolutivas.

– É isso mesmo, Nina, ela vai acabar aceitando tudo o que tem que passar para que possamos atingir nosso objetivo – diz Daniel.

– Andei conversando com Angelina enquanto você estava no Umbral resgatando o Franz – diz Nina.

– E ela? – pergunta Daniel.

– Diz-se preparada, mas confusa, pois ainda não sabe como Franz conseguirá resgatar tantos débitos. Afinal, foram centenas de assassinatos e muita crueldade imposta a seus subordinados por ele.

– Isso nem mesmo eu posso saber, Nina. Estou apenas cumprindo as determinações de meus superiores, que me determinaram o resgate de Franz do Umbral – diz Daniel.

– Pois é isso que está me deixando louca e piorando a situação de Angelina. Como é que ele vai conseguir reparar tanta coisa errada que fez? Pelos crimes e atrocidades que cometeu teria que passar centenas de anos no Umbral. Mas não foi isso que aconteceu.

– Nina, quem somos nós para questionar as coisas de Deus? Simplesmente cumpri uma ordem. Agora só nos resta esperar pelas determinações de nossos superiores e seguir com o tratamento de Franz.

– Eu sei, Daniel, mas confesso: estou supercuriosa para saber como esse resgate se desdobrará – diz Nina.

– Não faço a menor ideia, Nina. Infelizmente só nos resta esperar as ordens – diz Daniel, pacientemente.

– Desculpe minha curiosidade, Daniel, mas estou realmente muito preocupada com Angelina.

– Fique tranquila, faça assim: mais tarde traga-a para conversar comigo.

– Posso fazer isso?

– Claro que sim, traga-a mais tarde, porque agora preciso terminar um assunto com nossa mentora espiritual – diz Daniel levantando-se da confortável cadeira.

– Perdoe-me, Daniel e obrigada.

– De nada, Nina.

Nina deixa a sala rapidamente enquanto Daniel se dirige a um pequeno oratório que existe numa sala anexa à sua, e de joelhos, começa a orar pedindo orientação sobre o que fazer com Franz. Logo, Daniel ouve as orientações que precisa para encaminhar Franz para os resgates necessários à sua perfeição espiritual.

– Obrigado, querida Mentora, por suas orientações. Cuidarei pessoalmente para que tudo se cumpra – diz Daniel após receber as orientações de Catarina.

Após algumas preces contemplativas, Daniel volta a seu gabinete, vai até a porta principal e chama por Marques, seu auxiliar direto.

– Marques, por favor chame Nina, Pedro e Gabriel para uma reunião.

– Pois sim, pode deixar, farei isso imediatamente – diz Marques se levantando de sua mesa.

Marques sai apressado para avisar aos outros espíritos amigos sobre as determinações de Daniel.

– Nina, Nina, Nina...

– Sim, Marques, o que houve?

– Daniel pediu para avisar que precisa falar com você ainda hoje, não agora, imediatamente.

– Sim, Marques, tenha calma, sem problemas. A que horas Daniel quer que eu esteja em sua sala?

– No final do expediente, disse-me ele.

– Pode deixar que estarei lá assim que terminar as atividades aqui nas enfermarias.

– Obrigado, Nina – diz Marques afastando-se.

– De nada, Marques.

– Deixe-me ir que ainda tenho que avisar o Pedro e o Gabriel.

– Vai, Marques, vai com Deus! – diz Nina.

Marques tem como característica própria tentar resolver tudo apressadamente. Ele é assim, e todos na colônia já conhecem seu comportamento.

Após o término das atividades todos se encontram no gabinete de Daniel.

– Olá, Daniel!

– Olá, Pedro, sente-se por favor!

– Obrigado, Daniel, os outros ainda não chegaram?

– Não, mas já estão vindo.

Foi só falar, que Nina e Gabriel entraram a ampla sala.

– Olá, Daniel!

– Olá, Nina!

– Olá, Gabriel!

– Olá Daniel, como tens passado?

– Bem, muito bem.

– Mandou nos chamar? – pergunta Nina.

– Sim, querida Nina, já recebi as orientações sobre o Franz e desejo partilhar com vocês.

— Estamos aptos para ajudar se assim for necessário — diz Gabriel.

— Muito bom, senhores. Como todos sabem, acabamos de receber em nossa colônia o espírito de Franz, que como sabem, foi um homem muito cruel e responsável por diversos assassinatos.

— Sim, sabemos disso — todos acenam com a cabeça afirmativamente.

— Estranhamente, recebi ordens diretas de nossa mentora espiritual para ir até o Umbral e trazê-lo para cá. O que me deixou perplexo é o fato de que ele ficou lá por muito pouco tempo, o que não é normal para um caso deste. Não que isso não seja comum entre mim e nossa mentora, mas me estranhou muito o jeito como ela falou comigo.

— O que ela disse, Daniel? — pergunta Nina, curiosa.

— Nina, fiquei muito surpreso, porque ela me disse que o caso de Franz, na realidade, será para todos nós aqui da colônia uma grande lição, ou seja, um grande aprendizado. Estranhei e refleti sobre suas palavras. Não a questionei, pois quem sou eu para questioná-la? Porém, fiquei muito curioso. O que será que Franz terá que passar, que será de grande ensinamento para todos nós aqui da colônia? Foi isso que não entendi. Normalmente ela me passa os ensinamentos e as orientações necessárias a ensinar tudo a vocês.

— Estranho não é, Daniel? — diz Gabriel.

— Sim, Gabriel, muito estranho! E tem mais: ela simplesmente me disse que nós teremos que acompanhar as encarnações dele até que ela interfira pessoalmente e finalize as tarefas dele na Terra. Isso me deixou extremamente desnorteado, pois normalmente nós é quem somos os responsáveis pelos refazimentos e resgates.

– Nossa, Daniel, estou perdida! – diz Nina.

– Ela me disse que as tarefas nos serão dadas conforme as encarnações pelas quais Franz irá passar. Disse para vocês serem os mentores espirituais dele na Terra, e que eu os acompanhe bem de perto, pois muitos serão os questionamentos. E disse-me ainda que ela me orientará.

– Só nos resta obedecer – diz Pedro.

– Sim, Pedro, só nos resta obedecer à nossa mentora – diz Gabriel.

– Então Daniel, o que faremos agora? – pergunta Nina.

– Acordem Franz e levem-no para a Colônia Nosso Lar, onde ele será encaminhado para reencarnar. Essa é a primeira instrução de nossa mentora.

– Faremos assim – diz Gabriel.

– Mas Daniel, nada mais tens a acrescentar à história de Franz? – pergunta Nina.

– Não, minha querida Nina, realmente o que sei por ora é isso – diz Daniel.

– Só nos resta agora cumprir as determinações de nossa mentora – diz Pedro levantando-se da cadeira.

Sem mais questionamentos, Nina, Gabriel e Pedro se levantam e cumprimentam Daniel, que se despede de todos carinhosamente com um aperto de mão.

– Obrigada, Daniel – diz Nina.

– Obrigado a todos vocês pela ajuda e compreensão – agradece Daniel.

— Daniel, nós é que lhe agradecemos pelas oportunidades evolutivas que temos todos os dias aqui em Amor & Caridade.

— Até breve, amigos!

— Até – diz Nina, emocionada.

— Nina, Nina! – interrompe Daniel.

— Sim, Daniel.

— Ainda falta conversarmos com Angelina.

— Nossa, Daniel, já tinha até me esquecido dela, meu Deus...

— Que isso, Nina! Você que a ajuda tanto! Isso acontece – diz Daniel, serenamente.

— Que quer que eu faça, Daniel?

— Traga-a até minha sala para podermos conversar – diz o sábio iluminado.

— Está bem, vou buscá-la e já volto.

— Estarei esperando. Obrigado, Nina.

Nina sai da sala de Daniel e vai até o galpão onde ficam as crianças, para encontrar-se com Angelina.

Pedro e Gabriel se dirigem ao galpão da recuperação a fim de acordar Franz para levá-lo para Nosso Lar.

— Angelina!

— Sim, Nina – diz Angelina virando-se para Nina.

— Estou vindo agora de uma reunião com Daniel, que deseja falar com você.

– Agora?

– Sim, vamos até a sala dele?

– Sim, vamos. Será que é alguma coisa relativa a Franz?

– Sim, é alguma coisa relativa a Franz – afirma Nina.

– Meu Deus, o que será?!

– Fique calma e tranquila. Confie em Daniel.

– Nossa, Nina! Nem parece que você me conhece, confio em Daniel até no escuro (risos).

– Não foi isso que eu quis dizer.

– Eu sei, amiga, eu sei.

– Vamos, que ele está nos esperando.

– Venha – diz Nina estendendo a mão direita para Angelina.

Após caminharem por parte da colônia, chegam ao gabinete de Daniel.

– Daniel, com licença.

– Entrem, meninas, entrem – diz Daniel, com ternura.

– Olha quem está aqui! Se não é a Angelina!

– Olá, Daniel, como vai?

– Estou muito bem e você?

– Estou ótima, e agora mais feliz do que nunca, enfim meu amado Franz chegou e está se recuperando.

— Sim, minha querida Angelina. É sobre ele que preciso conversar com você. Sente-se por favor — diz Daniel, estendendo a mão direita indicando uma confortável cadeira para Angelina se sentar.

— Obrigada, Daniel — diz a jovem Angelina sentando-se na frente de Daniel e sendo acompanhada por Nina.

Angelina é um espírito de muita luz, ela é auxiliar de Nina nas enfermarias das crianças. Essa enfermaria é específica para receber crianças vítimas de câncer, que desencarnam em hospitais de todo o Brasil. Angelina é jovem, tem cabelos loiros e olhos grandes e azuis como duas pedras preciosas. Linda e radiante. É muito querida em toda a colônia, pois faz um trabalho excepcional com as crianças recém--chegadas e traumatizadas com a separação de seus pais, irmãos e familiares.

Nina é conhecida em quase todas as colônias espirituais. Ela tem livre acesso a diversas dimensões devido ao seu alto grau de evolução. De pele clara e cabelos ruivos, jogados sobre os ombros, Nina é jovem e sempre está muito feliz. Suas sardas no rosto são seu charme, e isso a deixa muito feliz. Carinhosa, é a responsável pelos galpões onde todas as crianças são recebidas. Seus olhos verdes mais se parecem com duas esmeraldas que embelezam ainda mais a jovem menina.

— Daniel, o que você deseja de mim? — pergunta Angelina.

— Na verdade, Angelina, não sei muito bem por onde começar, mas tenho que começar, então vamos lá: Franz, como é conhecido por nós, desceu em missão na Segunda Grande Guerra. Sua missão, como combinado aqui, era chefiar uma parte do exército de Hitler e se rebelar contra as injustiças que o poderoso general alemão está cometendo neste exato momento na Terra. Mas o que vimos foi exatamente o contrário, ele se aliou ao terrível general e cometeu muitas atrocidades. Agora nossa mentora ordena que ele reencarne e não me especificou claramente a que tipo de prova ele será submetido para depurar toda a maldade cometida nessa encarnação. Subitamente ele sofreu um infarto fulminante e desencarnou. Agora, como você sabe, ele está na enfermaria se recuperando e voltará imediatamente para a vida terrena.

– Meu Deus, por que isso? – diz Angelina.

– Confesso que não sei – relata Daniel.

Angelina põe as mãos sobre o rosto e começa a chorar. Nina se levanta e abraça a amiga a fim de consolá-la.

– Não fique assim, Angelina!

– Mas Nina, quanto tempo ainda ficarei sem meu grande amor? Quanto tempo? Isso não é justo.

– Não diga isso, Angelina, você sabe que Deus é muito justo com Seus filhos.

– Eu sei, Daniel, mas Franz desceu à Terra em missão; eu sei que ele não deu ouvidos à sua voz interior e assim se desviou de sua missão, mas voltar a reencarnar em tão pouco tempo, isso não é justo.

– Vamos tentar entender o que quer nossa mentora com isso – diz Daniel, tentando consolar Angelina.

– Confesso que não consigo entender – diz Nina.

– Eu sei, Nina, eu sei – diz Daniel. – Mas Deus concede a todos os Seus filhos oportunidades edificantes; Deus conhece as necessidades e sabe perfeitamente que as provas a que Seus filhos são submetidos são os mecanismos de ajustes necessários à sua perfeição – diz Daniel suavemente.

– Daniel, me perdoe – diz Angelina chorando.

– Não chore, querida, vamos fazer o seguinte: quem sabe se pedirmos à nossa mentora para você reencarnar com ele e assim auxiliá-lo em sua evolução? Quem sabe, com você por perto, as coisas não ficam mais fáceis?

– Será que ela me concede esse favor, Daniel? – diz Angelina.

– Não posso lhe garantir, mas posso pedir a ela – promete Daniel.

– Você faz isso por mim, ou melhor, por nós?

– Sim, vou fazê-lo ainda hoje – promete o amigo.

– Não tenho palavras para lhe agradecer, meu amado irmão – diz Angelina se acalmando.

– Angelina, estamos há muito tempo juntos, e isso realmente não é nada para mim; vou conversar com nossa mentora e interceder por vocês.

– Obrigada, Daniel – diz Nina.

– Agora vá até a enfermaria, pois o Franz está sendo acordado e Gabriel está encarregado de levá-lo para a Colônia Nosso Lar.

– Vou sim, Daniel, vou correndo – diz Angelina, refeita da emoção.

Nina e Angelina saem às pressas para se encontrarem com Franz e Gabriel.

Daniel volta ao oratório e tenta achar uma solução para o sofrimento de Angelina.

"A desilusão é a visita da verdade."

Chico Xavier

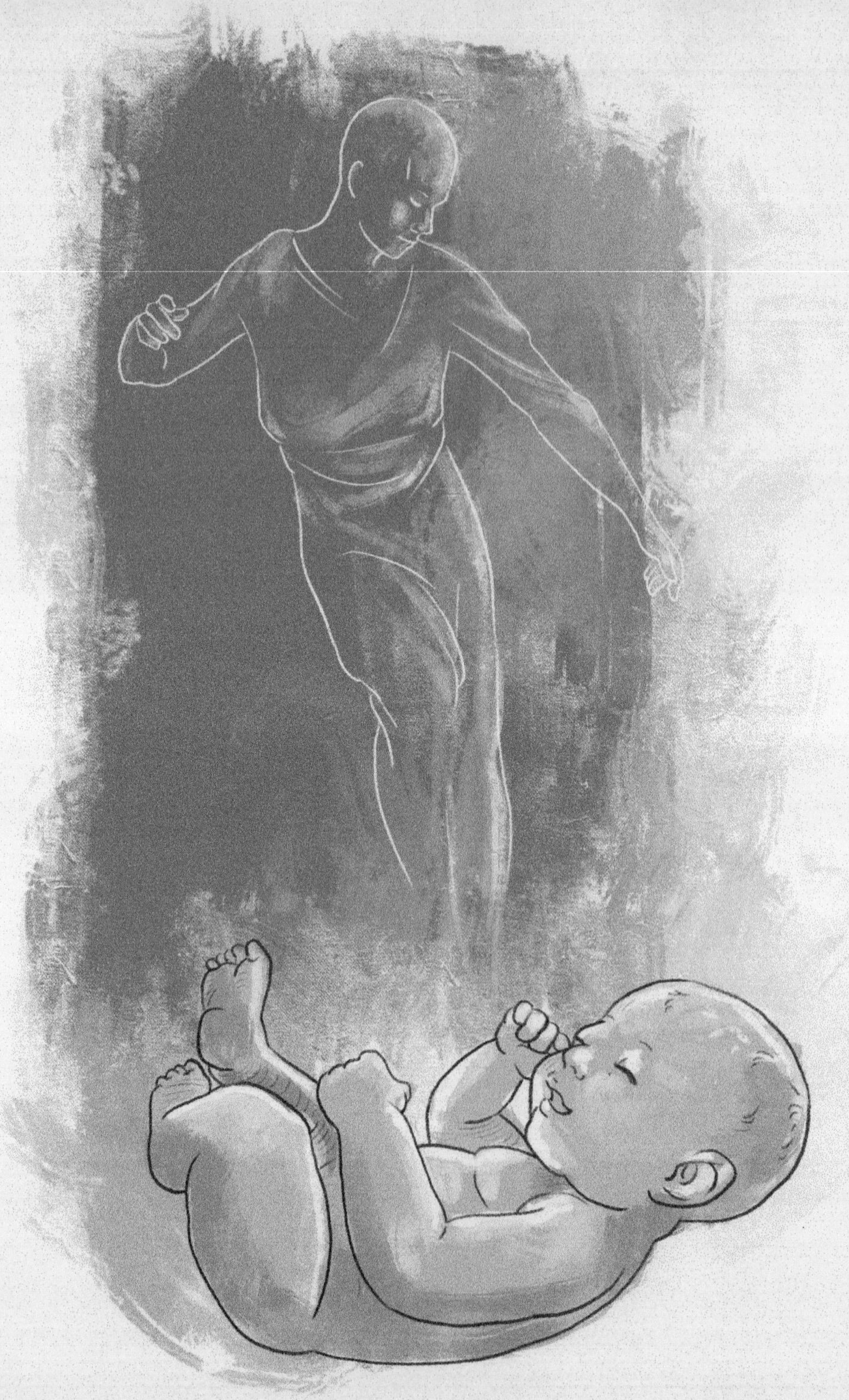

O RECOMEÇO

Angelina e Nina adentram a enfermaria. Franz está sentado na maca conversando com Miguel. Angelina corre e atira-se nos braços de seu amado.

– Meu amor! – diz Franz, emocionado.

– Que bom que você está aqui! – diz Angelina abraçando fortemente seu amado.

– Olá, Nina!

– Oi Franz, você está bem?

– Sim, já recuperei todas as minhas lembranças.

– Que bom! – diz Nina.

– Gabriel já lhe falou?

– Sim, disse-me que vou ter que reencarnar.

– E você está assim com essa calma? – diz Nina.

– Sim, o que posso fazer nesta hora? Se fui eu o grande culpado de tudo isso, se tivesse ouvido a voz da razão que soa dentro de meu ser, eu não estaria nesta condição. Agora é aceitar e passar logo por essa prova.

– Você sabe qual é a prova? – pergunta Angelina.

– Não, meu amor, eu ainda não sei.

– Meu Deus, como será sua próxima vida?

– Não importa em que condição eu estarei, a mim só importa acabar logo com isso.

Angelina está agarrada a seu amado e começa a chorar.

– Não chore, Angelina, o tempo na Terra é curto; logo estarei de volta e terminamos essa tarefa – diz Franz.

– Meu amor, eu não sei se será possível viver sem você mais algum tempo.

– Deixe de bobagens, Angelina, o que uma encarnaçãozinha vai mudar em nossa história? – diz Franz, sorrindo.

– Não sei, sinto-me insegura, não quero mais ficar longe de você.

– Lembre-se do trato que fizemos em Amor & Caridade; lembre-se das oportunidades que nos foram dadas por essa mentora que é, sem dúvida, muito especial para nós; lembre-se de nossa encarnação anterior em que muita coisa ruim nós fizemos, e recebemos a oportunidade evolutiva aqui nesta colônia. Não podemos ser ingratos com aqueles que nos oportunizaram a seguir em frente – diz Franz segurando as mãos de Angelina.

– Deus me livre pensar diferente! – diz Angelina.

– Então, meu amor, aceitemos os desígnios desta mentora maravilhosa. Tenha calma em seu coração. Vou para Nosso Lar e logo estarei de volta para, juntos, seguirmos nesta estrada evolutiva.

– Ouça isso, Angelina, ouça o que Franz lhe diz – diz Nina, emocionada.

– É, Nina, Franz tem razão. Essa reação minha é fruto do egoísmo que ainda carrego em meu coração – diz Angelina, envergonhada.

– Muito bem – diz Gabriel.

Nesse momento Franz abraça Angelina em um gesto fraterno, mantendo-a em seus braços por alguns segundos.

– Este abraço é para você jamais esquecer que sempre estarei a seu lado, sinta o calor de meu espírito a aquecer nosso amor.

Angelina retribui o abraço, e ambos ficam por alguns segundos em silêncio abraçados e unidos espiritualmente.

Nina assiste a tudo emocionada.

– Angelina, lamento informar, mas temos que ir agora para Nosso Lar – diz Gabriel. – Nina, me faça um favor: avise a Pedro que já estamos indo.

– Sim, Gabriel, pode deixar. Com licença, Angelina, posso dar um abraço em Franz?

Angelina se afasta de Franz, que abre os braços com um leve sorriso no rosto à espera do abraço de Nina.

Nina se aproxima do amigo e o abraça com carinho.

– Vá com Deus, amigo, e cumpra sua missão.

– Obrigado, Nina, e tome conta de Angelina para mim, por favor!

– Sim, pode deixar, temos bastante trabalho com as crianças.

— Adeus, amigos!

— Adeus, Franz!

Franz levanta-se da cama e segue com Gabriel para a parte exterior da Colônia onde Pedro o aguarda junto ao transporte que irá levá-los para Nosso Lar.

— Franz – diz Angelina.

— Sim, meu amor.

— Cumpra desta vez sua missão e volte logo.

— Pode deixar. Logo estarei aqui.

— Te amo!

— Eu também te amo pela eternidade – diz Franz com os olhos marejados.

— Venha, Angelina, venha. Vamos cuidar de nossas crianças – diz Nina, retirando a amiga do local de embarque.

Os olhos não se perdem, Franz segue adentrando ao veículo com os olhos focados em Angelina que retribui o olhar. Ambos estão com lágrimas nos olhos.

E assim Franz segue para a Colônia Nosso Lar onde será preparado para a reencarnação.

"Não sobrecarregues os teus dias com preocupações desnecessárias, a fim de que não percas a oportunidade de viver com alegria."

André Luiz

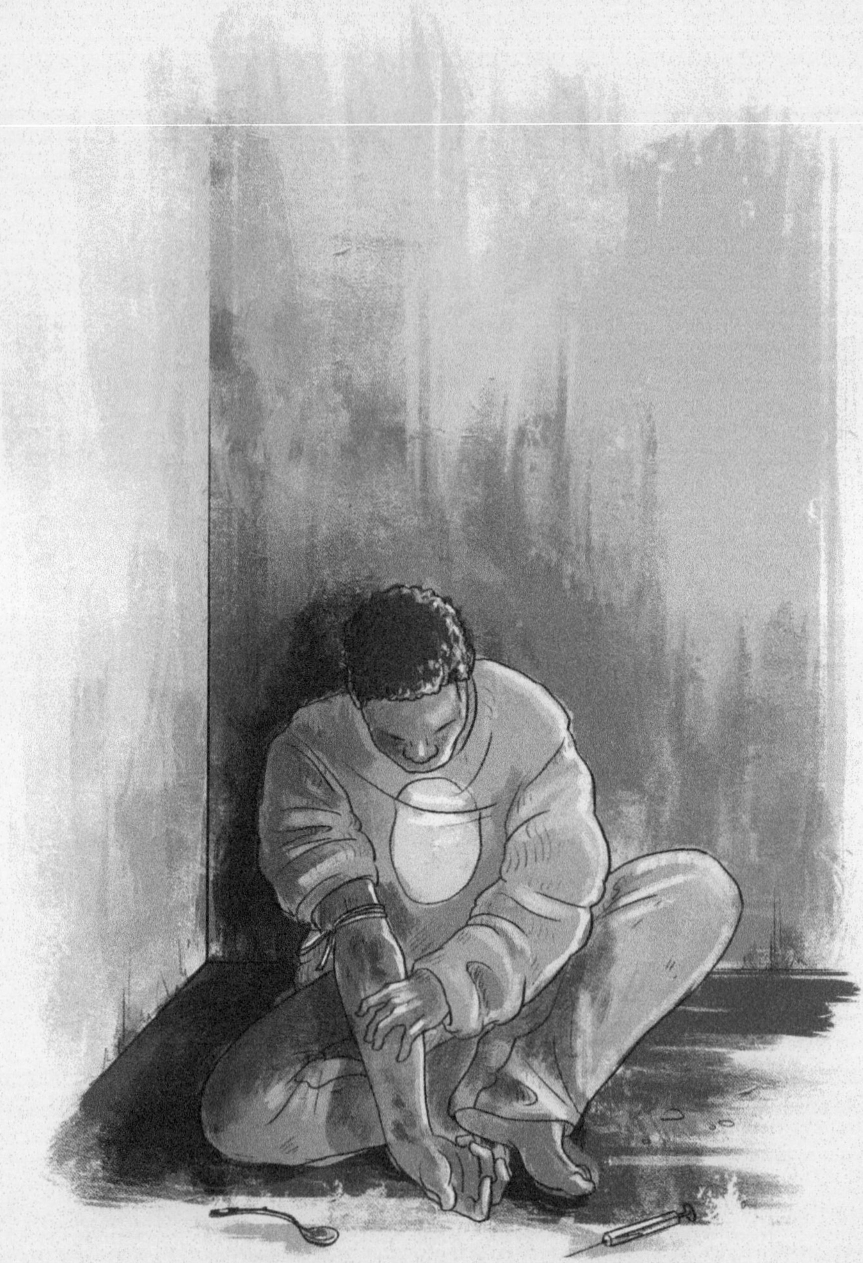

A PROVA

Gabriel e Pedro adentram a pequena sala onde Juvenal, o encarregado da entrevista antes da reencarnação, já os aguarda.

– Juvenal!

– Olá, Gabriel, como vai?

– Vou bem e você?

– Estamos todos muito bem aqui. Novidades em Amor & Caridade?

– Só a ampliação, como você sabe, a colônia não para de crescer.

– Fico muito feliz com o trabalho de vocês por lá. Parabéns!

– Obrigado, amigo, obrigado!

– E esse rapaz, quem é?

– Esse é o Franz, está aqui a ficha reencarnatória dele – diz Gabriel, entregando uma prancheta fluídica onde estão os dados de Franz.

– Sentem-se, por favor! – diz Juvenal.

– Obrigado, senhor – diz Franz um pouco nervoso.

– Fique calmo, meu rapaz. Vejo aqui que você acabou de chegar da Terra.

– Sim, senhor, acabei de chegar e já estou voltando, espero terminar logo minhas missões.

– Vejamos o que tens pela frente.

Juvenal abre a pasta e começa a ler para si as fichas de cor prata que trazem informações sobre as vidas de Franz.

– Gabriel!

– Sim, Juvenal.

– Deixe o rapaz comigo e vocês já podem voltar para Amor & Caridade.

– Sim, senhor, obrigado pela acolhida.

– De nada – diz Gabriel.

– Adeus, Franz. Boa reencarnação para você! – diz Pedro.

– Obrigado, amigos, muito obrigado por tudo. Adeus, Gabriel.

– Até breve, amigo, sei que você ainda não sabe, mas eu e o Pedro seremos seus protetores nesta encarnação. No mais, Juvenal vai lhe explicar a prova; caso você não aceite, estaremos na sala azul de Nosso Lar, esperando a resposta.

– Meus amigos, não importa a prova, sou grato pela oportunidade; e tenham a certeza de que não refutarei a esta oportunidade.

– Está bem, sendo assim iremos voltar para Amor & Caridade – diz Gabriel.

– Podem ir, amigos. O rapaz está determinado, e isso é bom – diz Juvenal.

— Até breve, amigos – diz Pedro.

— Até logo – diz Franz.

Durante algumas horas Juvenal fica sozinho na sala com Franz e lhe explica toda a prova. Pois como todos sabem, Deus é tão justo, que permite a seus filhos quantas vezes forem necessárias para a conquista de seu objetivo maior: a perfeição.

Franz faz um pedido insinuado a Juvenal.

— Meu amigo, você pode me arrumar algumas folhas de papel para que eu possa escrever uma carta?

— Sim, claro, Franz! Espere, vou pegar para você – diz Juvenal que vai até um pequeno armário colocado no canto da sala e retira de lá algumas folhas de papel e um lápis e entrega a Franz, que agradece a gentileza.

Franz senta-se a uma mesa um pouco afastada de Juvenal e começa a escrever uma carta. Logo que termina, pede a Juvenal para chamar seus amigos.

— Juvenal, você se importa se eu voltar a falar com Gabriel?

— Claro que não, Franz, vou mandar chamá-lo.

— Obrigado, irmão, obrigado!

Após algum tempo, Gabriel adentra a pequena sala acompanhado de Pedro.

— Mandou me chamar, Franz?

— Sim, Gabriel, perdoe-me ter lhe incomodado; perdoe minha fraqueza, acredito que vocês já estavam em Amor & Caridade.

— Não, não estávamos em Amor & Caridade, estamos esperando você se decidir pela reencarnação. Como lhe falei, estávamos ainda aqui em Nosso Lar.

— Mas como assim?

— Nós temos alguma experiência nessas ocorrências, meu querido Franz. Nem todos têm coragem de encarar os desafios da encarnação. Quando chegam aqui e tomam consciência do que irão passar na vida terrena, muitos desistem e preferem ficar por aqui sem evoluir. Ou até mesmo retroagir para colônias menos evoluídas como a nossa.

— Mas eu não desisti – diz Franz.

— Que bom, meu amigo! Ficamos muito felizes com sua decisão.

— Só chamei vocês aqui porque quero mandar um recado para Angelina.

— Sem problemas, o que deseja que falemos a ela?

— Levem esta carta que escrevi e entreguem a ela, por favor.

— Sim, meu amado irmão, sem problemas.

Franz se levanta da pequena cadeira amarela e abraça Gabriel e Pedro.

— Obrigado por tudo, meus amigos.

— Nós estaremos com você, tenha serenidade e confie sempre em seus instintos, pois é por eles que iremos falar com você.

— Obrigado!

— Venha, Franz, venha comigo – diz Juvenal, mostrando a Franz uma porta lateral de cor laranja.

Franz vira-se para trás e acena com as duas mãos para os amigos que ficam.

Gabriel e Pedro aguardam a saída de Franz para se despedirem de Juvenal.

– Amigo Juvenal, muito obrigado pela acolhida.

– De nada, amigos, mas olha que rapaz corajoso esse!

– É, irmão, por que diz isso? – pergunta Pedro.

– Com toda a experiência que tenho de anos trabalhando nessa função, jamais vi uma prova tão difícil como a que ele tem pela frente.

– É, irmão, as coisas não vão ser fáceis para nós... – diz Gabriel.

– A prova dele será muito difícil? – pergunta Pedro.

– Difícil é pouco para o que Franz vai passar; não vou me alongar, porque vocês estarão próximos a ele, e certamente poderão auxiliá-lo a suportar tanta dor e sofrimento.

– Se essa é a vontade do Senhor nosso Deus e ele estiver preparado para suportar tudo isso, saiba que nós em nenhum momento, iremos fugir da batalha – diz Gabriel.

– É assim que se diz, Gabriel – diz Pedro, emocionado.

Agora, acho melhor os senhores levarem essa carta à sua amada, ela precisa saber de tudo para que não haja surpresas no amanhã – diz Juvenal.

– Faremos isso. Vamos, Pedro, vamos voltar para Amor & Caridade – diz Gabriel.

– Deem um abraço em Daniel por mim, por favor – diz Juvenal despedindo-se dos amigos.

– Pode deixar, Juvenal.

– Obrigado, amigos.

– Até logo.

Gabriel e Pedro retornam à Colônia Amor & Caridade, e mesmo antes de procurarem por Angelina são convocados a comparecerem ao gabinete de Daniel.

"Conhecereis a verdade e a verdade vos libertará."

Jesus Cristo

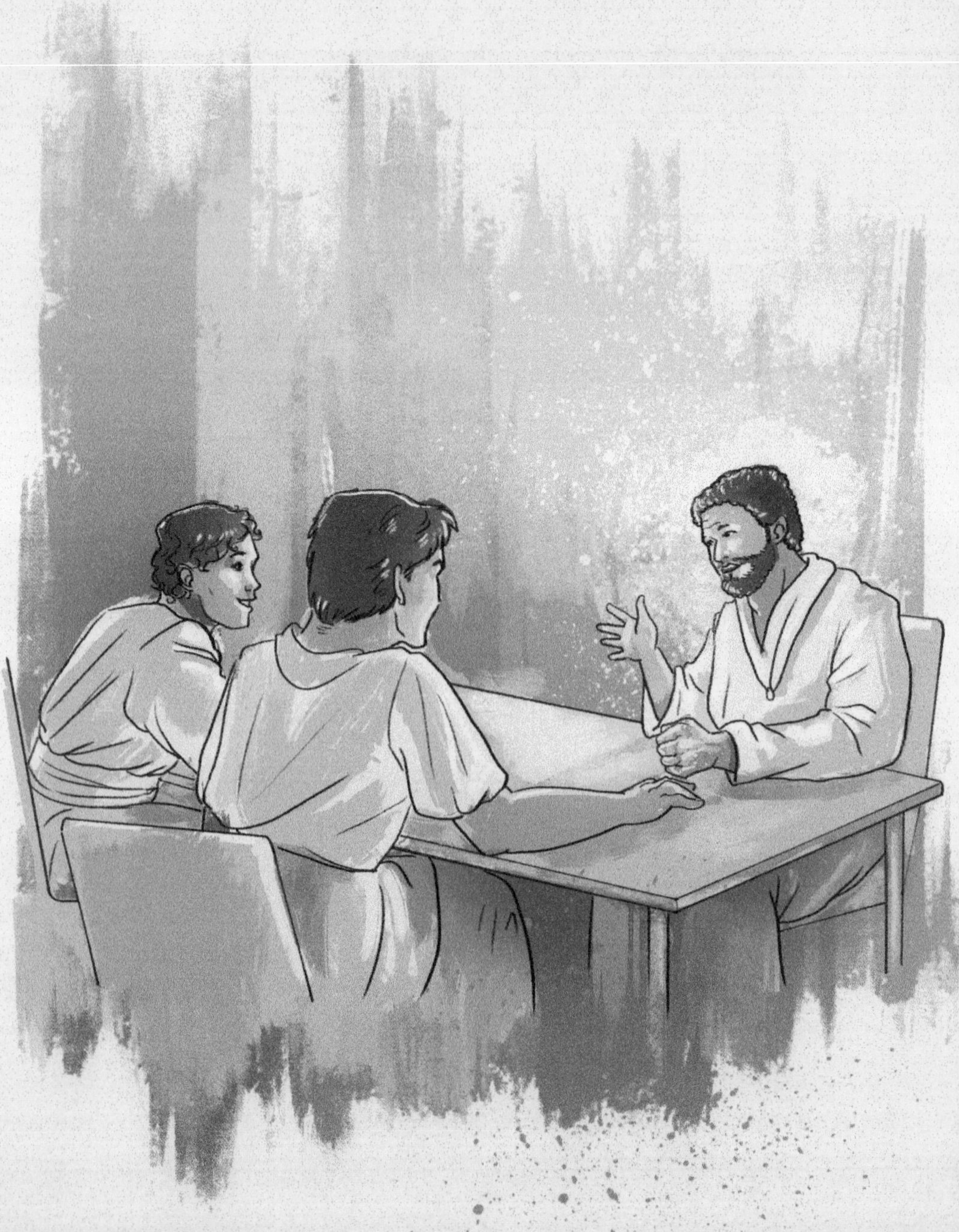

Daniel

No gabinete de Daniel

– Marques!

– Sim, Daniel!

– Me faz um favor?

– Sim, claro, lógico.

– Marques, vá até a enfermaria e me chame a Nina e a Angelina, preciso conversar com elas.

– Sim, senhor. Olha, o Gabriel e o Pedro estão na antessala, posso autorizar suas entradas?

– Sim, Marques, agora vá chamar a Nina e a Angelina, por favor!

– Sim, já estou indo, prontamente, já estou indo.

– Vá, Marques, e pare de lamúrias – diz Daniel.

– Sim, Daniel, sim.

Marques vai até a antessala e autoriza a entrada de Gabriel e Pedro.

– Daniel mandou vocês entrarem – diz Marques.

— Entrem, Gabriel e Pedro – chama Daniel de sua sala.

Rapidamente Gabriel e Pedro entram na imponente sala de Daniel.

— Olá, Daniel!

— Como foi a viagem até Nosso Lar?

— Foi boa. Você mandou nos chamar?

— Sim, Juvenal me falou de uma carta que vocês trouxeram para ser entregue a Angelina.

— Sim, temos um último pedido de Franz – diz Pedro.

— Pois é, meus amigos, não vai ser nada fácil para o Franz.

— É, Daniel, ele não quis nos falar nada, mas percebemos em seu semblante que as coisas serão difíceis para ele e para nós, que seremos seus mentores espirituais nesta encarnação.

— E é sobre isso que quero conversar com vocês. Falei com nossa mentora sobre esse caso, e ela nos autorizou fazermos algumas coisas para ajudar na encarnação do Franz; mas por favor, esperem que vou explicar assim que Nina e Angelina chegarem.

— Claro, Daniel, vamos esperá-las chegarem, que você explica de uma só vez – diz Gabriel.

— Isso, já mandei Marques chamá-las.

— Tens ideia do que será, Daniel? – pergunta Pedro.

— Pedro, como sabes, o suicídio é a pior coisa que um encarnado pode fazer para si. Sinceramente, não tenho lidado com muitos suicidas, pois esta não é a especialidade de nossa colônia.

– É, não é realmente de nosso dia a dia o suicídio – diz Pedro.

– Pois é, vamos esperar por Nina e Angelina – sugere Daniel.

– Sim, claro, vamos esperar.

Após algum tempo Nina chega ao gabinete com Angelina.

– Sentem-se, senhoras, por favor – diz Daniel.

Nina se acomoda em frente a Daniel enquanto Pedro, Gabriel e Angelina sentam-se na parte lateral da mesa.

– Senhores e senhoras, como sabem, estamos acompanhando bem de perto o caso do nosso querido irmão Franz. Todos sabemos dos desvios de conduta cometidos por ele nesta última encarnação, e isso custará muito caro a esse espírito amigo.

Nós, por suplício de nossa mentora espiritual, temos permissão para auxiliá-lo nessa jornada desafiadora. Embora não podendo interferir diretamente, podemos auxiliá-lo, e isso já nos foi autorizado. Gabriel e Pedro serão os anjos guardiões, os protetores de Franz em sua vida terrena. Confesso que o sofrimento será proporcional ao causado por ele em sua última estada na Terra. E se olharmos bem, ele cometeu muitas injustiças; ele, como todos nós sabemos, mandou para a morte muitos inocentes, e não existe forma mais justa de acertar-se com suas injustiças do que lhe tirando a oportunidade de resgate, é assim: causa e efeito, ação e reação.

– Daniel, perdoe-me intrometer, mas se entendi bem, Franz não conseguirá reencarnar?

– Sim, Nina, é isso mesmo; ele tentará reencarnar, e a oportunidade lhe será negada inúmeras vezes.

– Como assim? – insiste Nina?

– Ele será abortado algumas centenas de vezes.

– Meu Deus! – se desespera Angelina.

– Calma, Angelina, tenha calma! Deixe-me concluir tudo o que tenho a falar com vocês; lembra-se que você me pediu para interceder junto à nossa mentora? Foi isso que fiz e seremos atendidos. Agora deixe-me explicar, por favor! – diz Daniel.

– Perdoe-nos, Daniel – diz Angelina, amparada por Nina.

– Para que vocês tenham uma ideia das dívidas de Franz, como general do exército nazista, ele ordenou a morte de 3.362 pessoas entre homens, mulheres e crianças.

– Santo Deus! – diz Angelina.

– E agora, Daniel, e agora? – pergunta Angelina, afoita.

– Calma, Angelina, calma! – diz o sereno Daniel.

– Agora ele tentará reencarnar algumas centenas de vezes, e lhe serão negadas essas oportunidades. Assim, boa parte de seus débitos serão sanados. Outras tantas vezes ele nascerá deficiente e terá poucos dias de vida. Depois, nascerá com doenças graves e não conseguirá chegar à infância.

– Meu Deus, quanto sofrimento! – diz Angelina.

– Mas ele estará se depurando, não é isso, Daniel? – diz Nina.

— Sim, Nina, é isso.

— Daniel, mas quanto tempo levará isso? – pergunta Angelina.

— Foi por isso que pedi essa reunião.

— Nossa, Daniel, estou começando a ficar assustada – diz Angelina com lágrimas nos olhos.

— Não fique. Pelas contas dos encarnados, isso vai levar mais ou menos trezentos anos.

Angelina começa a chorar compulsivamente.

— Calma, Angelina, tenha calma! – diz Nina, aproximando-se e amparando a amiga.

— Nina, você sabe o eu significa isso? Sabe que esse tempo é muito grande – diz Angelina, desesperada.

— Calma, senhoritas! Lembrem-se que conversei com nossa mentora e ela nos autorizou auxiliar. Agora, olhem bem para essa tela atrás de minha mesa, que vou mostrar-lhes o que vai acontecer e o que poderemos fazer para auxiliar nosso queridão Franz.

Atrás da mesa de Daniel existe uma enorme tela por meio da qual ele costuma mostrar para seus comandados as missões que terão pela frente.

As luzes são reduzidas e começa então a passar um filme a que todos assistem quietos.

"A vida é aquilo que você deseja diariamente."

André Luiz

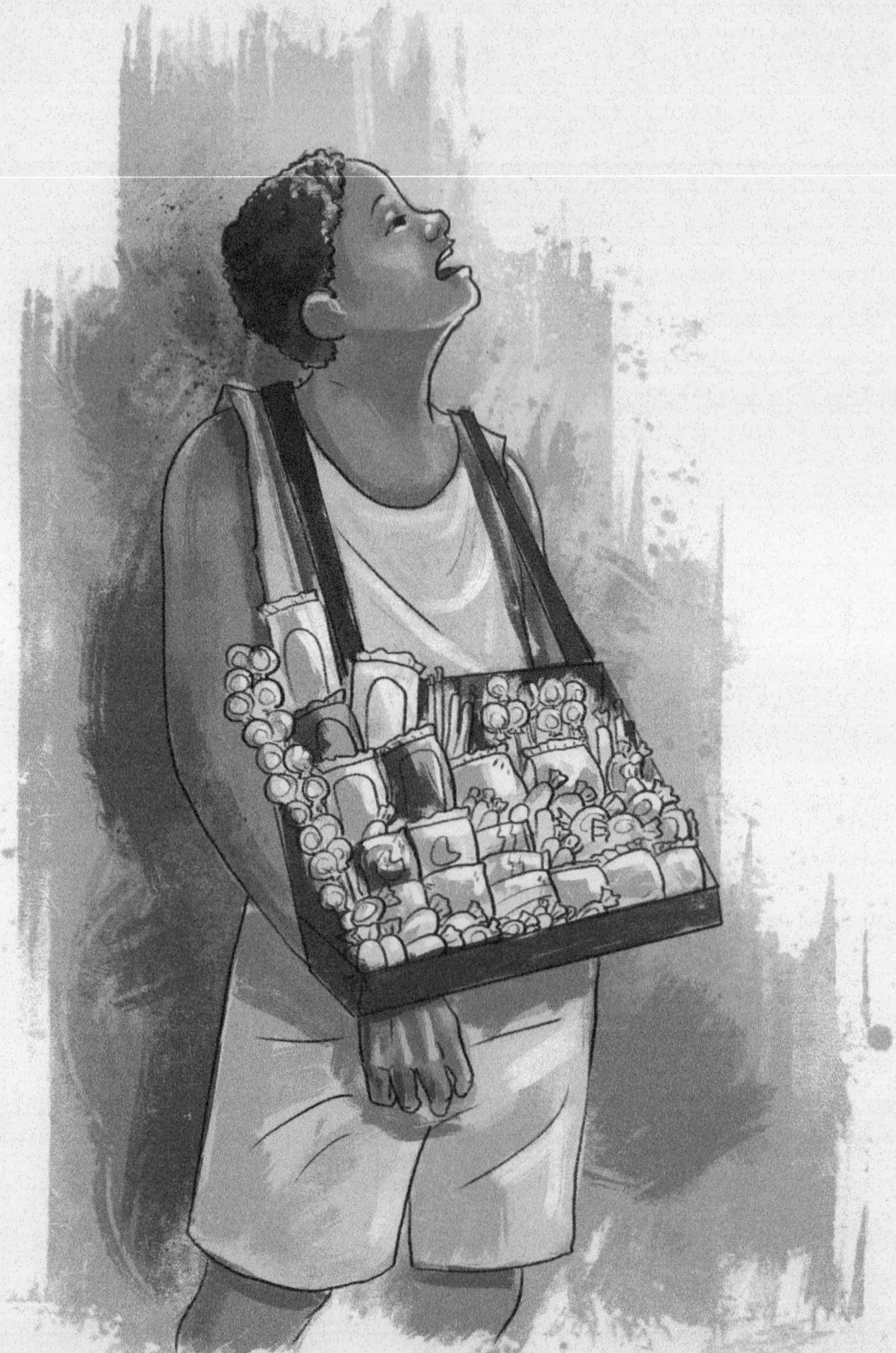

OPORTUNIDADES

Rio de Janeiro

– Olha, primo, olha o terreno que consegui para você!

– Nossa, mas é pequeno demais, homem! – diz Jorge.

– Fique tranquilo, que logo logo você terá dinheiro para comprar um terreno maior. Tem bastante obra por aqui e vou ensinar a você o ofício de pedreiro e você vai ganhar bastante dinheiro. E além disso, do outro lado dessa mata, já estamos iniciando uma invasão. Lá, você poderá marcar um pedaço de terra maior.

– Pode-se fazer isso aqui?

– Sim, aqui nós vamos invadindo as terras, e no final fica tudo certo – diz João em tom sarcástico.

– Mas isso não é certo, não é correto – insiste Jorge.

– Essas terras não têm dono, são do governo e ninguém toma conta. Fique tranquilo.

– É, entendi, sem problemas. Vamos construir uma casinha aqui e depois a gente vê como fica – diz Jorge.

– Primo, aqui a gente não chama de casinha não, aqui a gente chama de barraco (risos).

– Tudo bem, vamos construir logo o meu barraco.

– Primo, eu queria lhe agradecer por ter deixado minha mulher ficar na sua casa – diz Jorge.

– Sem problemas, primo, fique tranquilo.

– Obrigado de coração.

– Vamos trabalhar, homem; vamos logo começar a construir seu barraco.

– Vamos sim. Vou comprar logo o material necessário para a construção.

– Eu vou com você – diz João.

– Então vamos.

Dentro de poucos dias Jorge já está morando em seu próprio barraco; pequeno, mas aconchegante. Maria, sua esposa, está grávida do terceiro filho do casal e é um menino.

Poucos messes depois...

– Jorge, acho que esse menino vai nascer hoje.

– Olha mulher, se sentir alguma, coisa me avise antes de eu sair.

– Você vai para onde?

– Vou tomar umas pingas com os amigos lá da obra.

– Mas hoje é domingo.

– Ué, você não vai para a igreja daqui a pouco?

– Não, hoje eu não vou, pois não estou me sentindo bem. Como já disse antes, acho que esse menino vai nascer hoje.

– Faça assim, eu vou ali na birosca tomar umas pingas com os amigos, se você sentir alguma coisa, mande uma das meninas me chamar.

– Toma jeito, homem, você vive fora das coisas de Deus; vive bebendo e se misturando com essas raparigas aqui do morro.

– Mulher, não me enche não, estarei ali se precisar de alguma coisa.

Assim Jorge sai para beber no bar da esquina de sua casa. Logo Maria passa mal e é levada pelos vizinhos ao hospital para dar à luz um menino. Jorge, ao saber da notícia, sai correndo para o hospital para acompanhar o nascimento de seu terceiro filho. Tudo corre perfeitamente e Maria dá à luz um menino que nasce com 3 quilos e 650 gramas, saudável e feliz.

Todos estão radiantes com o nascimento do menino.

Passados alguns dias

– Olha o menino que eu lhe dei, Jorge.

– Lindo o garoto, como vamos chamá-lo?

– Abraão, o nome dele será Abraão, pois tenho certeza que ele libertará nossa família. Principalmente você, que bebe demais.

– Tá bom, mulher, coloque o nome que você quiser, isso não importa, o que importa é que ele é um lindo menino e isso me deixa muito feliz. Sempre quis ter um filho e agora Deus me concede esse lindo garoto –

diz Jorge, acariciando o rosto de Abraão.

– Quando é que você vai tomar jeito, homem? Quando é que você vai para de beber? – diz Maria.

– Maria, não me enche não, hoje estou muito feliz, peguei mais uma obra para fazer e poderei ampliar nosso barraco.

– Estamos precisando mesmo, olha onde é que eu vou botar as meninas para dormir.

– Pode deixar, mulher, eu vou fazer um quarto para as meninas – diz Jorge.

– Não vejo a hora de nossa vida melhorar.

– Calma, mulher, nossa vida já melhorou – diz Jorge.

– Melhorou para você, que vive no boteco tomando suas pingas, para mim nada melhorou. Depois que saímos de nossa terra e que eu fiquei longe de meus pais só a tristeza bate em minha porta. Que seria de mim se não fosse a igreja!?

– Vem você com esse papo de igreja – diz Jorge, contrariado.

– Só Jesus é a salvação, Jorge.

– Para de encher, vou para o boteco tomar uma – diz Jorge, saindo porta afora para a rua.

– Jorge, toma jeito, homem – diz Maria.

Jorge se afasta fazendo sinal com as mãos de até logo.

– Meu Deus, não sei mais o que fazer para esse homem tomar jeito! – diz Maria, desesperada.

Tarde da noite Jorge chega embriagado em casa. Maria, como sempre, não se importa com sua chegada e tampouco percebe que ele junta suas coisas e sai de casa para morar com outra mulher em uma comunidade do Rio de Janeiro, deixando-a à sorte da vida.

No dia seguinte

– Mãe, o pai não está em casa – diz Ana, sua filha.

– Ué, ele levou as roupas dele – diz Maria, revistando o armário.

– Meu Deus, como vou viver sem o Jorge!? Ana, tome conta do seu irmão, que vou procurar pelo seu pai.

Maria sai desesperada pela favela à procura de Jorge. As informações são de que ele saiu com uma mulher de outra comunidade. Maria entra em desespero e vai à procura de João, primo e amigo pessoal de Jorge.

– João, desculpe estar aqui a esta hora, mas você sabe do Jorge?

– Não, comadre, eu não sei de seu marido – diz João.

– Me disseram que ele fugiu com uma quenga de outro bairro.

– Comadre, eu não sei de nada.

– Como é que vou cuidar dessas crianças sem ele, meu Deus? Como vou viver sem meu marido e o dinheiro para comprar comida para as crianças?

– Vá até a associação de moradores e peça ajuda por lá. Se você precisar de alguma coisa, me procura, eu não tenho muito, mas posso ajudar.

Orgulhosa, Maria não pede ajuda a ninguém e arruma um emprego em uma casa de família e distancia-se de seus filhos, que vivem pelas vielas da favela que cresce assustadoramente.

– Mamãe!

– Sim, Ana.

– Eu sei que você tem muitas responsabilidades com a gente, mas você nunca mais conseguiu notícias do meu pai?

– Ana, seu pai é um canalha que me deixou aqui sozinha com você e seus irmãos; já se passaram oito anos e ele nunca mais deu notícias. Eu me viro como posso para alimentar e educar vocês. E outra coisa: não quero ouvir falar desse desgraçado aqui dentro de casa. Ouviu?

– Sim, mamãe – diz Ana.

– Onde está sua irmã?

– A Maria das Dores está na igreja com o namorado.

– E seu irmão?

– Mãe, o Abraão anda aprontando aí pela favela, você sabe, né?

– É, eu sei, e já conversei com ele – diz Maria.

– Pois bem, mamãe, temos que levar o Abraão para a igreja; ele tem que ficar lá, se não vai acabar se envolvendo com os bandidos e o resultado você sabe qual é né, mamãe?

– Seu irmão não vai se meter com bandidos, pode deixar, eu já conversei com ele.

– Mas mamãe, ele nem sequer vai à escola. Vive pelas vielas de conversa com os traficantes de drogas.

– Mas pode confiar, ele me prometeu que não vai se meter nisso. Ele está vendendo balas no sinal lá na entrada da favela, até dei dinheiro a ele para comprar um pacote de balas. Esse menino tem futuro você vai ver, ele comprou um pacote de balas e fez pequenos pacotinhos e vende no sinal dobrando o dinheiro.

– É, mamãe, mas isso não dá futuro a ninguém.

– Deixa de ser boba, Ana, ele vai encontrar o caminho dele, tenho fé em Deus.

– Vou à igreja orar por você e por ele, pois estou vendo que você está cega, mamãe – diz Ana, saindo para rezar.

– Vai, avisa ao pastor que eu já estou indo, não posso faltar à igreja hoje.

– Pode deixar, mamãe – diz Ana.

"Se a morte é o fim da linha, estamos presos na cruzada feito criança abandonada na beira da calçada."

Pipokahz Tribosul

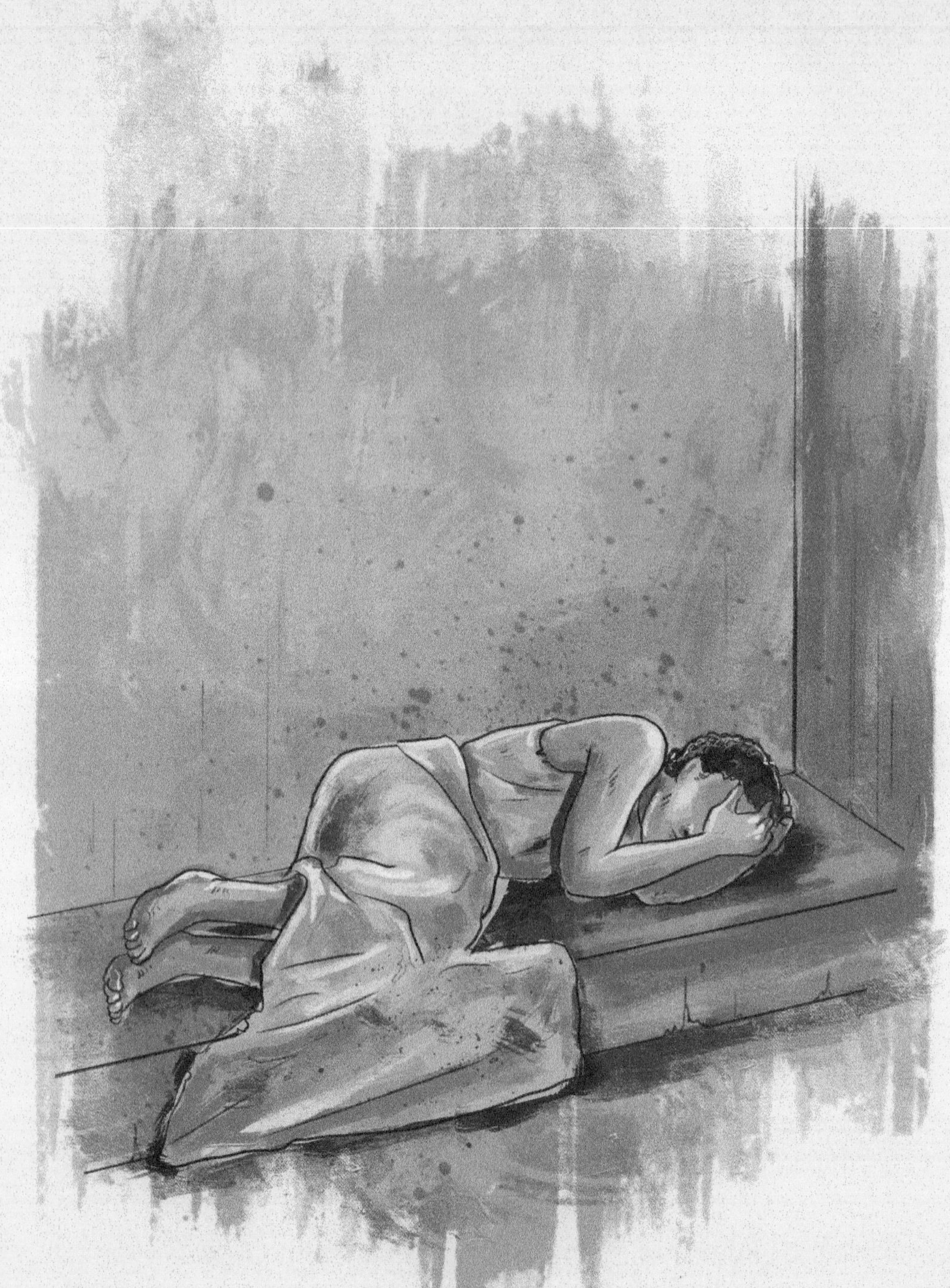

AS RUAS

Abraão se envolve com o comércio de drogas e passa a ser usuário. Dorme pelos becos e barracos abandonados.

– Mamãe, o Abraão está fora de casa há dois dias – diz Ana, preocupada.

– Ele está na casa dos amigos – diz Maria.

– Mãe, não sei porque você não se importa com o meu irmão.

– Quem lhe falou que eu não me importo com ele? Eu me importo sim. Ontem mesmo, quando cheguei do trabalho, ele estava lá na esquina e eu conversei com ele.

– E por que você não mandou ele vir para casa? Por que você não mandou ele voltar para a escola e para a igreja?

– Seu irmão é muito maduro, apesar da pouca idade, e eu confio nele.

– Mãe, sinceramente acho que você quer que o Abraão se torne um bandido como o Lico e fique famoso e rico para dar boa vida para nós, como é feito na casa de dona Lindalva.

– Me respeite, menina! Onde já se viu falar assim com sua mãe?! – diz Maria, irritada.

– Você não está nem aí para meu irmão.

– Ana, me respeite. Estou indo para a igreja.

– Tá vendo? Toda vez que tento falar com você, você foge do assunto e vai para a igreja.

– Eu vou para a igreja porque lá é o lugar de uma mulher como eu. E quer saber, tchau.

– Tchau, mamãe, tchau.

Maria vive para o trabalho e para a igreja, sua condição financeira é muito baixa. Ela ganha salário mínimo trabalhando na casa de uma madame. Não tem outra vida a não ser trabalhar e ir para a igreja. Nos fins de semana pouco se vê Maria entre seus filhos. Ela dedica-se exclusivamente a visitar outras igrejas com suas amigas fiéis.

Maria das Dores tem dezesseis anos e namora o filho do pastor de uma outra igreja. Já está praticamente casada. Ana tem agora treze anos e é responsável pela casa. Logo que acorda é ela quem arruma, passa, lava e cozinha para todos. Assim a vida segue.

Abraão está na favela consumindo maconha quando é abordado por policiais.

– Ei, moleque, fique paradinho aí – diz o policial se aproximando.

Abraão discretamente joga sobre o muro o cigarro de maconha que está fumando. O policial se aproxima.

– O que é que você está fazendo aí, moleque?

– Nada, tio, estou esperando meu amigo para irmos soltar pipa.

– Soltar pipa o que, moleque! Por que você não está na escola?

– Eu já saí, senhor, eu estudo pela manhã.

– Rapaz, eu vi você fumando maconha aqui – diz o policial.

– Não era maconha não, tio, era cigarro.

– Cigarro o que, moleque! Acha que sou trouxa? Olha a marola, seu bostinha.

– Não sou bostinha, não senhor – diz Abraão.

– Onde você mora?

– Moro na outra rua, ali de cima – aponta Abraão com o indicador uma rua acima do local onde está.

– Sua mãe está em casa?

– Não senhor, minha mãe trabalha fora.

– Como é o nome dela? – pergunta outro policial que a tudo assistia.

– É Maria, tio.

– Maria, mãe de Jesus?

– Não, tio. Minha mãe é evangélica, mas não é a mãe de Jesus – diz Abraão.

– Deixa esse moleque aí, vamos procurar pelo Lico.

– Você conhece o Lico, moleque? – pergunta o policial.

– Não senhor – diz Abraão.

– Você acha mesmo que esse moleque não conhece o Lico? Ele só não vai falar que conhece porque tem medo de nós. Não é, moleque?

– Não senhor, não é isso não; eu realmente não conheço o Lico.

– Vamos embora. Não vamos perder tempo com esse moleque – diz o policial se afastando.

– Olha, moleque, da próxima vez que te pegar fumando maconha, vou te dar uma coça, você vai ver – promete o policial.

– Eu não estava fumando maconha, não senhor.

– Tá avisado.

Os policiais se afastam e Abraão corre para o beco onde Lico fica administrando todas as coisas da favela.

– Lico, tem um moleque aí fora querendo falar com você – diz Tião.

– Quem é?

– É aquele molequinho maconheiro.

– Ah sei quem é, mande entrar.

Abraão é convidado a entrar no luxuoso barraco de Lico.

– Fala aí, moleque – diz Lico recebendo Abraão.

– Vim correndo avisar que a polícia está subindo o morro, estão atrás de você.

– Como é que é, moleque?

– A polícia está subindo o morro atrás de você.

– Tião, corre lá embaixo e veja com o olheiro se essa informação procede.

– Pode deixar, Lico.

– Entra aí, moleque – diz Lico convidando Abraão a entrar em sua casa.

Abraão fica impressionado com o luxo do lugar. Logo vê uma piscina de água azul, uma televisão grande, poltronas e sofás confortáveis; tapetes decoram o ambiente refrigerado com ar-condicionado. Lico percebe a fascinação do menino.

– E aí, tá gostando da minha casa?

– Poxa, nunca imaginei que aqui dentro fosse assim.

– É, Abraão, a vida me deu tudo isso.

– Poxa, um dia vou ser igual a você – diz o menino, fascinado.

– Não queira essa vida não, moleque, esse é um caminho sem volta.

– Eu não estou preocupado em voltar mesmo – diz Abraão, rindo da situação.

– Vejo que você não entendeu o que falei – diz Lico.

– Eu entendi sim.

– O que foi que eu disse então?

– Você disse que quem entra para essa vida não sai dela mais.

– É isso, moleque. Quem entra para essa vida morre nela.

– Eu não me importo – diz Abraão.

– Mas você ainda é um menino e tem que se importar sim – adverte Lico.

– Que nada, irmão! Eu quero é essa vida para mim – diz o menino, fascinado.

Tião entra esbaforido pela porta da frente da luxuosa casa.

– Fala, homem! Falou com o olheiro?

– Lico, temos que fugir. Nosso olheiro está lá embaixo algemado e dentro do camburão. A polícia invadiu a favela, vamos fugir.

– Vamos então para nosso esconderijo.

– Vamos, venha moleque, não fique aí – diz Lico.

Assim Lico, Tião e Abraão entram em uma passagem secreta, construída no quintal da casa de Lico que os leva a outro barraco com paredes falsas e muito simples, o que disfarça perfeitamente a situação.

A polícia faz a batida em todos os lugares e não encontra os bandidos escondidos com Abraão, que está fascinado com a aventura de fugir dos policiais. Lico segura um revólver prateado em uma das mãos. O brilho da arma fascina o menino Abraão. Na outra mão ele carrega uma pequena metralhadora municiada e pronta para reagir a qualquer ameaça de prisão.

Abraão é só alegria e felicidade. Tudo é muito fascinante para o menino.

Amanhece na favela.

– Aí, moleque, qual é seu nome? – pergunta Lico.

– Meu nome é Abraão.

– Você dormiu aqui em casa... gostou de ficar aqui?

– Sim, gostei muito.

– Quantos anos você tem?

– Vou fazer dez anos.

– Quem é a sua mãe?

– Minha mãe é a Maria, lá da igreja.

– Eu sei quem é.

– Sabe?! Como você sabe? – pergunta o curioso Abraão.

– Para você ter o domínio do morro é preciso conhecer as pessoas – responde Lico.

– Legal isso.

– Você gosta dessa vida?

– Que vida? – pergunta Abraão.

– Essa vida bandida, irmão.

– Sim, eu ainda vou ser um bandido respeitado por todos aqui do morro – diz Abraão com os olhos brilhando.

– Mas para conseguir isso, você terá que passar por cima do meu cadáver – diz Lico.

– Não, nunca farei isso – diz Abraão.

– Olha só, se você quiser, pode trabalhar comigo e ganhar uma boa grana para ajudar sua família. O que você acha?

– O que eu tenho que fazer?

– Você vai trabalhar de olheiro na entrada da favela. Quando a polícia chegar, você solta os fogos; aí ficamos sabendo que a polícia chegou.

— E quanto eu ganho para fazer isso?

— Cinquenta mangos por dia de trabalho.

— Opa legal, quando posso começar?

— Agora mesmo. Você vai trabalhar durante o dia, à noite já tem quem faz o serviço.

— Me dá aí os fogos, que vou assumir meu posto agora mesmo – diz Abraão.

Lico manda chamar Tião e ordena que o menino faça parte dos olheiros que tomam conta das entradas da favela. Assim Abraão é iniciado no crime.

— Ô Abraão, o que você está fazendo aí? – pergunta Ana, dando um flagrante no irmão.

— Tô trabalhando, não tá vendo? – diz o menino.

— Trabalhando com um morteiro na mão?! Como assim, *trabalhando*?

— Tô tomando conta dessa entrada da favela.

— Vou falar com a mãe que você está nessa vida – diz Ana, revoltada.

— A mãe já sabe, sua boba, ou você acha que o dinheiro que eu ganho aqui eu gasto com o que?

— Não acredito que a mãe esteja se prestando a isso.

— A isso o que, Ana? Eu não faço mal a ninguém, eu só fico aqui vigiando.

— Mas isso tá errado, meu irmão; isso não é de Deus.

– Que Deus o que! Eu lá quero saber de Deus – diz Abraão.

– Vou falar com a mãe, você vai ver – ameaça Ana.

– Pode falar, eu não estou nem aí – diz Abraão se distanciando da irmã.

Ana começa a chorar. Ela fica triste e preocupada com a situação do irmão.

Logo que Maria chega em casa é abordada por Ana.

– Mamãe, você já está sabendo o que o Abraão está fazendo?

– Não filha, o que é que seu irmão anda aprontando?

– Você tem certeza que não sabe o que ele anda fazendo? – insiste Ana.

– Se é com relação ao trabalho dele, eu sei sim o que ele está fazendo.

– Então quer dizer que você sabe que seu filho está trabalhando com os traficantes e você acha isso normal?

– Ele não está trabalhando com os traficantes, ele simplesmente garante nossa segurança avisando quando os policiais chegam aqui para perturbar nossa paz; e se quer saber, acho bom que ele faça isso mesmo. Seu irmão nunca foi de estudar e ele agora tem seu dinheiro.

– Tem certeza do que você está falando, mamãe? Você tem certeza que isso é o melhor para ele?

– Olha, certeza eu não tenho, mas a felicidade dele está estampada em seu rosto. Agora ele é um menino feliz, e além do mais, tem sua própria grana e não precisa de ninguém.

– Mamãe, você enlouqueceu de vez – diz Ana.

– Não enlouqueci não, olhe como agora não falta nada dentro desta casa. Porque o dinheiro que ganha ele me dá para fazer as compras e para comprar roupas novas para você e sua irmã. E além disso, ele me ajuda no dízimo da igreja.

– Meu Deus, era só o que faltava! Abraão está pagando o dízimo da igreja – diz Ana, assustada.

– É isso mesmo, ele é meu filho e tem se saído muito bem. E além do mais, qual o problema em soltar uns fogos? Qual o problema?

– Mamãe, essa é a porta de entrada para a destruição. Você não está vendo que o futuro do meu irmão será o tráfico e a cadeia?

– Vira essa boca para lá, meu filho jamais vai se envolver até esse ponto. Isso eu já conversei com ele e ele me prometeu.

– Mamãe, deixa de ser boba – diz Ana sentando-se no sofá da sala.

– Mãe, senta aqui, vamos conversar.

– Estou atrasada para a igreja. Amanhã a gente conversa.

– Mãe, isso é muito importante – insiste Ana.

– Não dá tempo, depois conversamos – diz Maria, saindo pela porta afora.

Ana fica triste e resolve ligar para sua amiga da escola.

– Alô, Bia?

– Oi, sou eu; quem é?

– Sou eu, Ana.

– Oi Ana, o que houve?

– Preciso conversar com alguém, preciso de orientação, estou perdida.

– Vem aqui em casa!

– Vou sim, vou aproveitar que minha mãe foi para a igreja e vou até sua casa. Posso ir?

– Claro, amiga, você sabe o caminho, não sabe?

– Sei sim. Estou indo. Daqui a pouco estarei aí.

– Venha, estou esperando.

– Beijos.

– Beijos – diz Beatriz desligando o telefone e se preparando para receber sua amiga Ana.

Beatriz é um pouco mais velha que Ana e frequenta um centro espírita perto de sua casa. Desde menina ela foi evangelizada pela doutrina dos espíritos. É uma jovem muito culta e feliz.

Algumas horas depois, Ana chega finalmente à casa de sua amiga.

– Entre, querida – diz Beatriz abrindo a porta principal do apartamento em que mora.

– Oi amiga, com licença!

– Entre e me diga o que houve, você me parecia muito nervosa ao telefone.

– Bia, nunca lhe falei muito de minha família, mas não suporto mais carregar essa dor sozinha.

– Diga, minha amiga, estou aqui para lhe ajudar. Sente-se aqui mesmo, ou você prefere ir para o meu quarto?

– Tem alguém aqui na sua casa?

– Sim, meus pais estão na outra sala – diz Beatriz.

– Se você não se incomodar, prefiro ir para seu quarto.

– Então venha – diz Beatriz puxando Ana pela mão.

Ao passar pela sala Beatriz faz questão de apresentar a amiga da escola a seus pais.

– Mãe, pai essa é minha amiga Ana.

– Olá, Ana, seja bem-vinda! – diz Glória, mãe de Beatriz.

– Seja bem-vinda, Ana – diz Paulo, o pai de Beatriz.

– Prazer em conhecê-los e desculpe-me o horário.

– Que nada, menina! Ainda é cedo. Fique à vontade – diz Glória.

Mamãe, nós vamos para o meu quarto – diz Beatriz.

– Vá, filha, fique à vontade viu, Ana. E se precisarem de alguma coisa, estamos aqui.

– Obrigada, senhora; obrigada, senhor – diz Ana, educadamente.

– Venha, Ana, vamos para o meu quarto.

"Nem sempre terás o que desejas, mas enquanto estiveres ajudando aos outros encontrarás os recursos de que precisas."

Chico Xavier

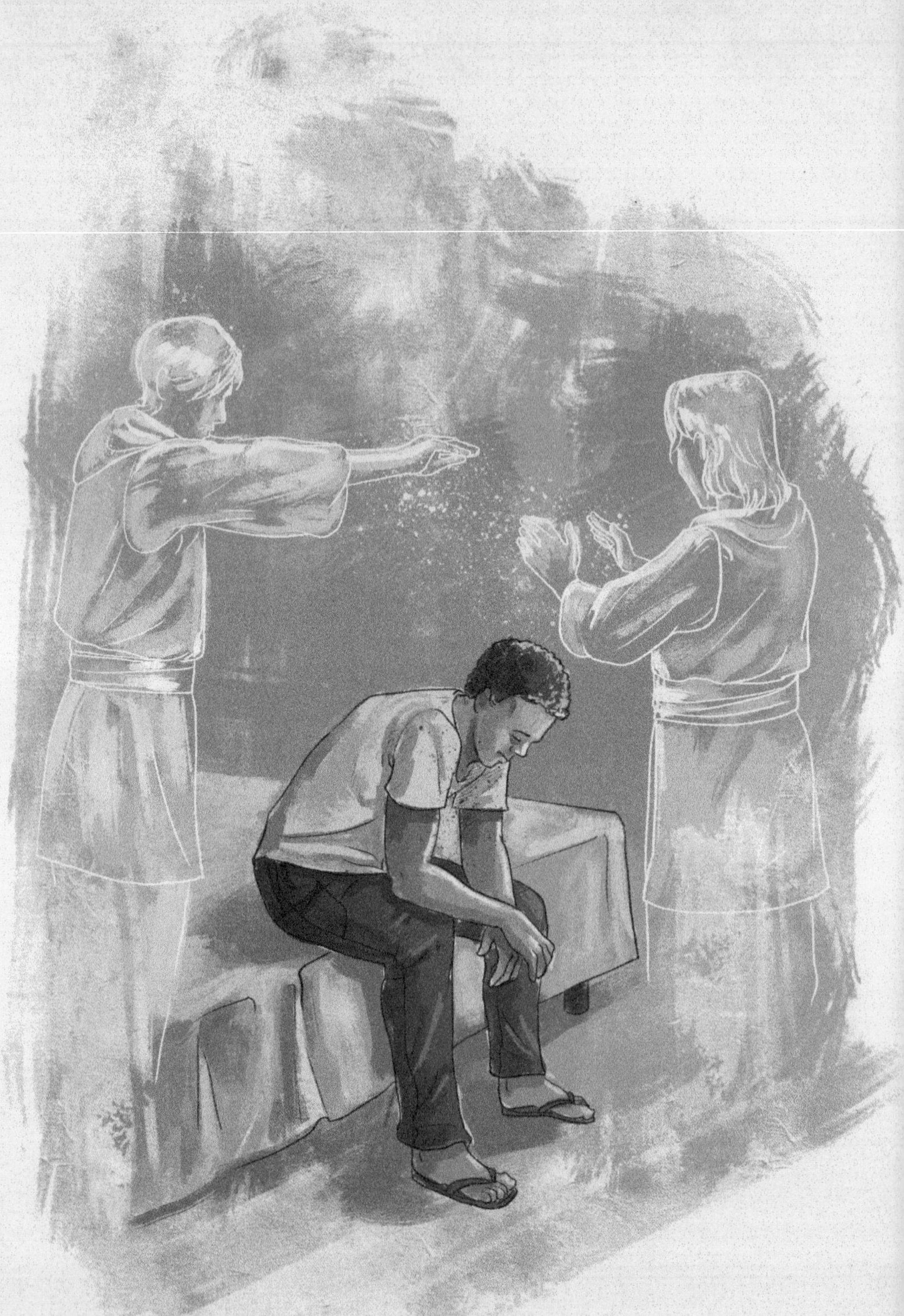

INTERCESSÃO

Colônia Espiritual Amor & Caridade.

Daniel vai até a enfermaria visitar Nina e Angelina.

– Olá, Nina!

– Oi, Daniel que bom tê-lo por aqui!

– Eu é que fico muito contente em ver que os trabalhos estão a todo vapor por aqui.

– Sim, eu e Angelina estamos nos dedicando ao máximo para que essas crianças evoluam logo e readquiram sua forma adulta.

– Estou vendo – diz Daniel, sorrindo.

– Onde está Angelina?

– Ela estava aqui agora mesmo, meu Deus onde Angelina se meteu logo agora que você está aqui, Daniel?

– Calma, Nina, é só uma visita.

– Quer que eu vá procurá-la? – pergunta Nina.

– Vamos procurá-la juntos, acho melhor – diz Daniel.

– Então vamos – diz Nina, feliz.

Após caminharem para a parte onde há os jardins, Nina e Daniel finalmente encontram Angelina sentada entre flores coloridas.

– Podemos nos sentar? – diz Daniel se aproximando.

Rapidamente Angelina se coloca de pé e não consegue esconder a surpresa com a visita de Daniel.

– Claro que sim, Daniel, perdoe-me estar aqui sentada longe de meus afazeres – diz Angelina, envergonhada.

– Todos nós precisamos de algum momento de reflexão. Esses momentos íntimos e únicos são necessários para o equilíbrio espiritual – diz Daniel.

– É verdade – diz Nina se sentando ao lado de ambos.

Daniel, Nina e Angelina se sentam num banco de madeira posicionado estrategicamente embaixo de um flamboaiã.

– Mas Daniel, o que o traz para essas bandas da colônia?

– Vim vê-las e conversar um pouco com vocês – diz o iluminado.

– Tens notícias de Franz, Daniel? – pergunta Angelina.

– Olha, o motivo real de minha visita é para falar justamente sobre Franz.

– Nossa, Daniel, conta logo – diz Nina.

– Calma, Nina, só quero ouvir de Daniel notícias boas sobre o Franz. Se por acaso as notícias não forem boas, por favor, Daniel, nem nos conte – diz Angelina.

– As notícias são recentes e são boas sim. Mas é claro que tudo depende sempre do término das missões, das superações e principalmente das tentações. Até agora o Franz tem se saído bem. Ele teve os abortos necessários para os resgates das centenas de vidas que ceifou ou que foram ceifadas ao seu comando, isso não importa. Porque quem manda tem a mesma culpa de quem executa, não há dois pesos para uma medida, e isso sabemos. Somos responsáveis sempre por nossas atitudes e por nossos pensamentos.

– Isso sabemos, Daniel – diz Angelina.

– Franz está em sua última encarnação e tudo agora depende dele.

– Ele está encarnado onde?

– No Brasil, mais precisamente no Rio de Janeiro.

– Por que não consigo vê-lo, Daniel? – pergunta Angelina.

– Para que você não sofra com as dificuldades que ele tem encontrado para evoluir. Você sabe que tudo na ordem divina tem uma razão, e não é justo que aqueles que já evoluíram fiquem aqui sofrendo ao ver seus queridos passarem por provas difíceis.

– Isso é misericórdia divina, eu sei – diz Nina.

– O véu das tristezas e das necessidades evolutivas existe aqui e na Terra, onde o encarnado não tem a certeza ainda da vida eterna, e muito menos se lembra de seu passado, mas sente em seu íntimo que Deus reservou para ele uma vida plena e eterna.

– Sim, o véu da incerteza é necessário para que possamos evoluir – diz Nina, emocionada.

– Por que você está emocionada, Nina? – pergunta Daniel.

– Saudade de Felipe – diz Nina.

– Tenha calma, Felipe está em uma nobre missão e logo logo estará de volta – diz Daniel.

– Eu sei, só fiquei saudosa, foi só isso – diz Nina.

– Daniel, conte-nos um pouco mais sobre o Franz – pede Angelina.

– Ele está encarnado em uma família bem pobre, e os desafios dele agora são não se desviar da caridade e do amor ao próximo; na verdade, é a última fase para ele ficar definitivamente aqui conosco, no mundo espiritual.

– Quer dizer que ele está na última encarnação? – pergunta Nina.

– Sim, agora é só terminar com dignidade e logo ele estará definitivamente entre nós – diz Daniel, feliz.

– Daniel, com que nome ele está encarnado?

– O nome dele é Abraão.

– Nossa, que nome importante! – diz Nina.

– O nome foi colocado propositalmente para lembrá-lo das almas que ele libertou encarnado – diz Daniel.

– Assim como Abraão libertou seu povo, Franz libertara-se das almas que ele assassinou – diz Angelina, emocionada.

– Que lindo! – diz Nina.

– Como ele conseguiu libertar almas estando encarnado, Daniel? – pergunta Angelina.

– Toda vez que foi abortado ele libertou uma alma – diz Daniel.

– Perdoe-me, Daniel, mas eu não entendi – diz Angelina.

– Vou lhe explicar: todas as vezes que foi abortado, ele provocou no coração daquelas mães a necessidade do arrependimento. O arrependimento aproxima as pessoas das coisas de Deus. As encarnações que ele teve como deficiente mental e físico levaram suas mães e seus pais para as casas espíritas ou até mesmo para as igrejas, não importa. E assim esses espíritos, que antes ele havia assassinado, conheceram a palavra por meio das provas que ele sofreu em suas duras e sofridas encarnações.

– Nossa que engenharia perfeita né, Nina? – diz Angelina.

– Sim, como o nosso Deus é perfeito! Imaginar que esses espíritos agora seguem as palavras sagradas e estão diretamente conectados ao Senhor Jesus e quiseram a nosso Deus de amor e bondade.

– É isso, Nina, Franz conseguiu redimir-se com todos aqueles que ele matou ou mandou matar. Agora ele está à beira da libertação.

– Nossos amigos estão com ele? – pergunta Angelina.

– Sim, o Paulo e o Gabriel são os mentores espirituais dele. Agora mesmo, neste exato momento, a irmã de Abraão está tendo o primeiro contato com a doutrina espírita, e isso certamente fará a diferença para todos. Paulo e Gabriel estão agindo para que nada dê errado nesta reta final.

– Como é bom ser do bem! – diz Nina, feliz.

– Não vejo a hora de reencontrar meu grande amor – diz Angelina.

– Logo ele estará conosco definitivamente, Angelina.

– Obrigada, Daniel, não sei realmente o que seria de nós se você não existisse.

– Agora vamos voltar ao trabalho, as crianças nos esperam – diz Nina.

– Vamos sim – diz Angelina.

– Venha Daniel, vamos comemorar; enfim, nosso amigo conseguiu superar-se e vencer o mundo – diz Nina, feliz.

– Podem ir, eu já vou.

Nina e Angelina saem saltitantes e felizes. Logo voltam a seus compromissos na Colônia Espiritual Amor & Caridade.

"O Cristo não pediu muita coisa, não exigiu que as pessoas escalassem o Everest ou fizessem grandes sacrifícios. Ele só pediu que nos amássemos uns aos outros."

Chico Xavier

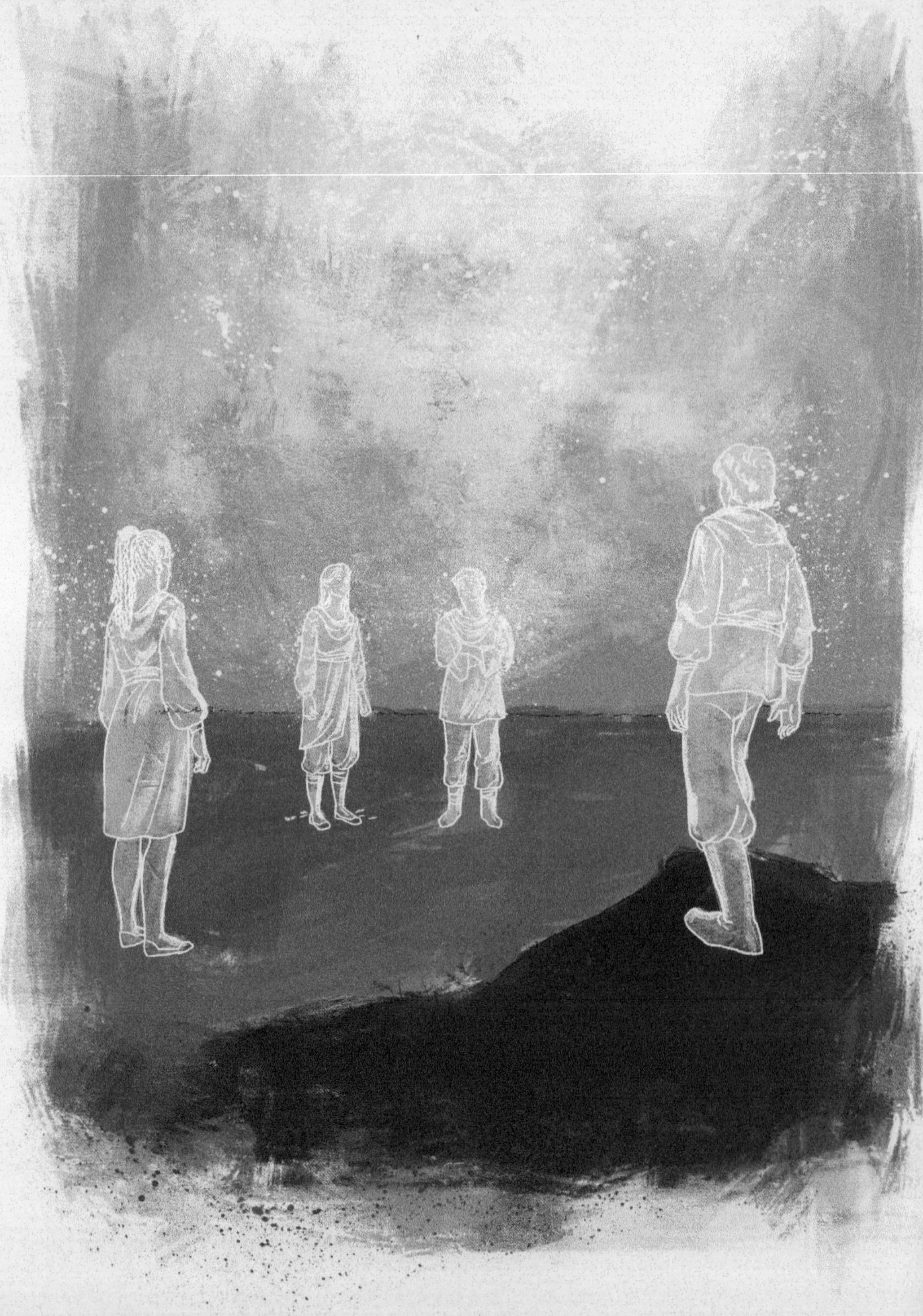

O ESPIRITISMO

Ana senta-se à beira da cama e começa a chorar.

– O que houve, Ana? Me conte – diz Beatriz.

– Ah, amiga, eu tenho vergonha do que vou lhe falar.

– Deixa de ser boba e me conte logo, quem sabe posso lhe ajudar?

– Ninguém pode me ajudar – diz Ana, chorando.

Beatriz senta-se ao lado da amiga e a abraça fraternamente.

– Tenha calma, para Deus nada é impossível.

– Nem sei se Deus existe mais – diz Ana, secando as lágrimas.

– Não diga uma bobagem dessas, qual é a sua religião?

– Eu nem tenho mais religião; fui criada dentro da igreja evangélica, mas sinceramente estou muito descrente de tudo – diz Ana.

– Me conte o que está acontecendo.

– É o meu irmão, meu único irmão. Ele é o problema.

– O que houve com seu irmão?

– Ele está usando drogas e se meteu com os bandidos da comunidade onde moro.

– Meu Deus, e sua mãe?

— Minha mãe se sente orgulhosa de ter um filho bandido.

— Não acredito! — diz Beatriz.

— É por isso que deixei a igreja, acho que o pastor deveria ser o primeiro a brigar com minha mãe por permitir que meu irmão esteja tão envolvido com bandidos.

— Você já conversou com ela sobre isso?

— Sim — diz Ana.

— E ela, o que disse?

— Eu acho que ela quer que meu irmão vire bandido para poder dar boa vida para ela.

— Eu não consigo imaginar uma mãe que pense assim.

— Pois é, essa é minha mãe — diz Ana, chorando.

— Amiga, o que eu posso fazer por você?

— Não sei, eu só precisava desabafar, e quem sabe ouvir algum conselho.

— Já que você não está indo mais à igreja, eu queria convidá-la a ir comigo na casa espírita que frequento.

— Ah, Bia, não sei se seria bom irmos a esse tipo de lugar.

— Como assim tipo de lugar? Eu nasci, cresci e estou sendo criada dentro dos ensinamentos do espiritismo, e sinceramente gostaria muito que você conhecesse um pouco desses ensinamentos — diz Beatriz.

— Qual é o dia?

— Hoje, daqui a pouco sairemos para a casa espírita.

— Seus pais vão permitir?

– Sim, meus pais são liberais e são espíritas há muitos anos.

– Não sei...

– Deixe de ser boba, chegando lá podemos conversar com a diretora dos atendimentos fraternos. Quem sabe ela não pode lhe ajudar?

– O que é esse tal de atendimento fraterno?

– É quando os mais instruídos da doutrina dão conselhos para as pessoas que sofrem ou que têm algum tipo de problema. Nesses atendimentos muitas pessoas saem de lá felizes e satisfeitas com as explicações dadas tendo como base os ensinamentos espíritas.

– Ah, entendi.

– Se você não quiser ir, não tem problema – diz Beatriz.

– Na verdade, tenho medo do espiritismo. Lá na igreja eles dizem que vocês cultuam o diabo.

– Que diabo que nada, Ana! Você acha mesmo que eu tenho cara de quem cultua o diabo?

– Não Bia, claro que não. Você é minha melhor amiga.

– Então boba, vamos lá?

– Posso lhe perguntar uma coisa?

– Claro, Ana!

– Você é minha melhor amiga e sempre conversei e confidenciei a você minhas angústias, exceto esse caso do meu irmão, mas isso eu não havia comentado com você ainda por ter vergonha.

– Sim, o que você quer saber?

– Deixe eu concluir. Você sempre foi minha amiga e sempre soube que eu frequentava a igreja.

– Sim, eu sempre soube disso.

– Pois bem, por que você nunca me falou de espiritismo? Por que você nunca recriminou a minha religião?

– Nós, espíritas, não estamos aqui para disputar espaço com ninguém; nós não recriminamos nenhuma religião, seita, ordem etc., nós só queremos evoluir.

– Evoluir... o que é isso?

– Nossa, estou vendo que você não sabe de nada mesmo, né amiga? (risos).

– Perdoe-me, mas não sei mesmo – diz Ana, sorrindo.

– Deixa de ser boba e vamos comigo para a casa espírita. Lá, você vai conhecer pessoas maravilhosas, jovens como nós que encontraram a razão para viver e, melhor: as respostas para nossos questionamentos de adolescente.

– Então vamos.

– Vou avisar meus pais que você vai conosco na casa espírita.

– Está bem.

Beatriz vai até a sala e avisa a seus pais que Ana irá com eles à reunião da casa espírita.

Após um delicioso lanche servido por Glória, Paulo, Ana e Beatriz estão a caminho do centro espírita.

– Boa-noite, sejam bem-vindos! – diz Marly, que recepciona os amigos que acabaram de chegar.

– Boa-noite, Marly! Hoje trouxemos uma convidada especial – diz Glória, apresentando Ana.

– Quem é essa jovem menina linda e graciosa?

– É uma amiguinha de escola da Beatriz.

Com um gostoso abraço fraternal, Marly recebe Ana na porta de entrada do centro espírita.

– Seja bem-vinda! Fique à vontade, e se precisar de alguma coisa, é só me procurar, meu nome é Marly, sou diretora da Juventude Fraterna dessa casa de amor e caridade chamada Centro Espírita Amor Fraterno.

– Obrigada, senhora – diz Ana, meio sem jeito.

– Venha, Ana, vamos nos encontrar com os meus amigos.

– Com licença, senhora – diz Ana, educadamente.

– Vá, minha filha, vá conhecer os outros jovens que fazem parte de nossa casa.

Beatriz leva Ana e a apresenta aos outros jovens que estão se posicionando para começarem as músicas que são tocadas pelo grupo de jovens antes do começo de cada reunião.

Há salas separadas para o atendimento fraterno que acontece um pouco antes das palestras e das reuniões de passe. Beatriz pede licença aos amigos e se afasta com Ana.

– E aí, você gostou daqui?

– É, eu confesso que pintei um outro quadro em minha mente – diz Ana.

– Como assim? – pergunta Beatriz.

– Nada, deixa pra lá.

– Fala, deixa de ser boba! Eu só quero entender – diz Beatriz.

– Lá na minha igreja eles diziam que vocês, espíritas, cultuam o diabo e que dentro de seus templos há coisas horríveis.

– Nossa, que idiotice – diz Beatriz.

– É, agora vejo que não é nada disso; aqui só tem uma imagem de Jesus e mais nada, não sei nessas salas fechadas.

– Venha, vamos visitar as salas – diz Beatriz.

– Não, eu tenho medo – diz Ana, assustada.

– Vem boba, vamos lá fazer o atendimento fraterno.

– Tem certeza que dentro dessas salas não têm imagens ou figuras do diabo?

– Vem boba, vem!

Ana segue com muita dificuldade a amiga Beatriz que a leva para conversar com Marly que está atendendo.

– Com licença, tia Marly – diz Beatriz chegando à porta.

– Entre meu amor, pode entrar!

– Vem Ana, entre – diz Bia.

Escabreada e com medo, Ana finalmente põe a cabeça e olha dentro da sala. O que ela vê lhe deixa tranquila e serena e finalmente ela entra na sala.

Há na sala uma mesa e quatro cadeiras posicionadas à frente, onde o atendimento é feito em grupo ou em particular.

– Sentem-se, meninas – diz Marly.

– Venha, Ana, sente-se aqui – diz Beatriz.

– O que houve, Ana? Você está com medo de alguma coisa?

– Não, tia Marly, é que eu nunca tinha vindo a um centro espírita.

– Ah, e lhe disseram que aqui nós cultuamos o diabo, é isso?

Totalmente sem jeito, Ana concorda com um gesto de cabeça.

– Eu compreendo, minha querida, as pessoas têm por hábito falar mal daquilo que não conhecem – diz Marly.

– Venha, sente-se aqui, que vou lhe explicar algumas coisas – convida Marly segurando Ana pelo braço e indicando-lhe uma cadeira para sentar-se.

– Sente-se ao lado de sua amiga Bia – sugere Marly.

As meninas sentam-se à frente da iluminada oradora daquela tão nobre instituição espírita.

– Pois bem, Ana, é esse seu nome?

– Sim senhora, é esse meu nome.

– Pois bem, as pessoas têm por hábito julgar o desconhecido; algumas, por desconhecimento; outras, por ignorância mesmo. Elas não se dão o trabalho de visitarem uma instituição como a nossa que está sempre aberta para receber quem quer que seja, independentemente de credo, cor, opção sexual etc. Nós, espíritas, aprendemos que a lei maior é a lei da caridade e do amor. Aprendemos que devemos perdoar sempre. E que a vida é eterna e sendo assim, temos que investir em nossa vida futura.

– Está entendendo, Ana? – pergunta Beatriz.

– Sim, amiga.

– Posso lhe falar mais um pouquinho sobre espiritismo?

– Sim, tia Marly, você pode continuar.

– Então vamos lá: nós, espíritas, aprendemos por meio dos livros psicografados por grandes médiuns que estiveram e que ainda hoje estão psicografando livros maravilhosos, que a vida não se resume a esta vida. Aprendemos que Ele, que tudo criou, administra este planeta de forma que todos evoluam para as existências eternas nas mais diversas dimensões espirituais espalhadas pelo universo. Aprendemos que não existe só este mundo, aprendemos que há vários mundos e que nesses mundos existem espíritos mais evoluídos do que nós, e que há também mundos inferiores onde há espíritos menos evoluídos do que nós.

– Você está entendendo, meu anjo?

– Sim, senhora – diz Ana.

– Sendo assim, nós encarnamos aqui neste mundo para evoluirmos para outros mundos, é assim que Deus quer.

– Nossa, tudo agora começa fazer sentido em minha mente – diz Ana.

– Que bom, querida! – diz Marly.

– Sabe, tia, Ana está passando por uns probleminhas em casa com a mãe e com o irmão – diz Beatriz.

– O que está acontecendo em sua casa, meu bem, será que posso lhe ajudar? – diz Marly.

– Não, tia. Eu começo a entender o que está acontecendo em minha casa. Essa doença de minha mãe, que tudo para ela se resume à igreja. Ela não vive para os filhos, ela vive para o pastor. Deixa-nos à própria sorte. Entendo agora que é isso que nós, os filhos dela, temos que passar para evoluir. Precisamos dessa mãe, mesmo sendo ela uma pessoa fria, gananciosa e sem amor.

– Meu bem, ainda bem que você está se aceitando e se descobrindo – diz Marly, emocionada.

– Compreendo que os acertos são com minha mãe, a igreja e o meu irmão que ela abandonou desde os oito anos de idade, entregue à sua própria sorte. Se não fosse eu para alimentá-lo e tentar educá-lo, acho que ele nem saberia falar, porque ela pouco se importa conosco.

Minha outra irmã, a Maria das Dores, já não vive lá em casa desde os quinze anos de idade, se juntou ao namorado que pertence a outra igreja e quase nunca vem nos visitar.

Meu irmão está envolvido com drogas e com a bandidagem lá do bairro onde moro. Fui falar com a minha mãe, e parece que ela está torcendo para o meu irmão virar bandido famoso para ela viver da fama dele.

– Nossa! – diz Beatriz.

– Quantos anos você tem, meu bem? – pergunta Marly.

– Vou fazer dezessete.

— E seu irmão, quantos anos ele tem?

— Ele vai fazer dezesseis anos.

— Vou lhe presentear com um livro que certamente vai lhe ajudar muito, posso? – diz Marly pegando um exemplar de *O Evangelho Segundo o Espiritismo*.

— Sim, vou ler com prazer – diz Ana.

— Mas antes, deixa eu lhe dizer uma coisa.

— Sim, pode dizer – diz Ana.

— Você já tem a base de tudo dentro de seu coração. Você já se enxerga como espírito encarnado, e isso é bom. Agora é só você estudar. Se quiser fazer parte de nossa obra, ficarei muito feliz em tê-la entre nós – diz Marly.

— Vou vir sim, gostei daqui e me sinto como se eu tivesse me encontrado.

— Nossa, tive essa impressão também – diz Beatriz.

— Como assim, Bia? – pergunta Ana.

— Quando você chegou lá em casa pude ver claramente uma nuvem negra sobre sua cabeça e sobre seus pensamentos. Agora compreendo o que dizem os espíritos.

— E o que é que eles dizem? – pergunta Ana.

— Não há acasos nas coisas de Deus (risos).

As três se abraçam com alegria. Pedro e Gabriel sorriem de alegria.

Ana, enfim, encontra-se com Jesus dentro do espiritismo.

"Não reclame das sombras, faça luz."

André Luiz

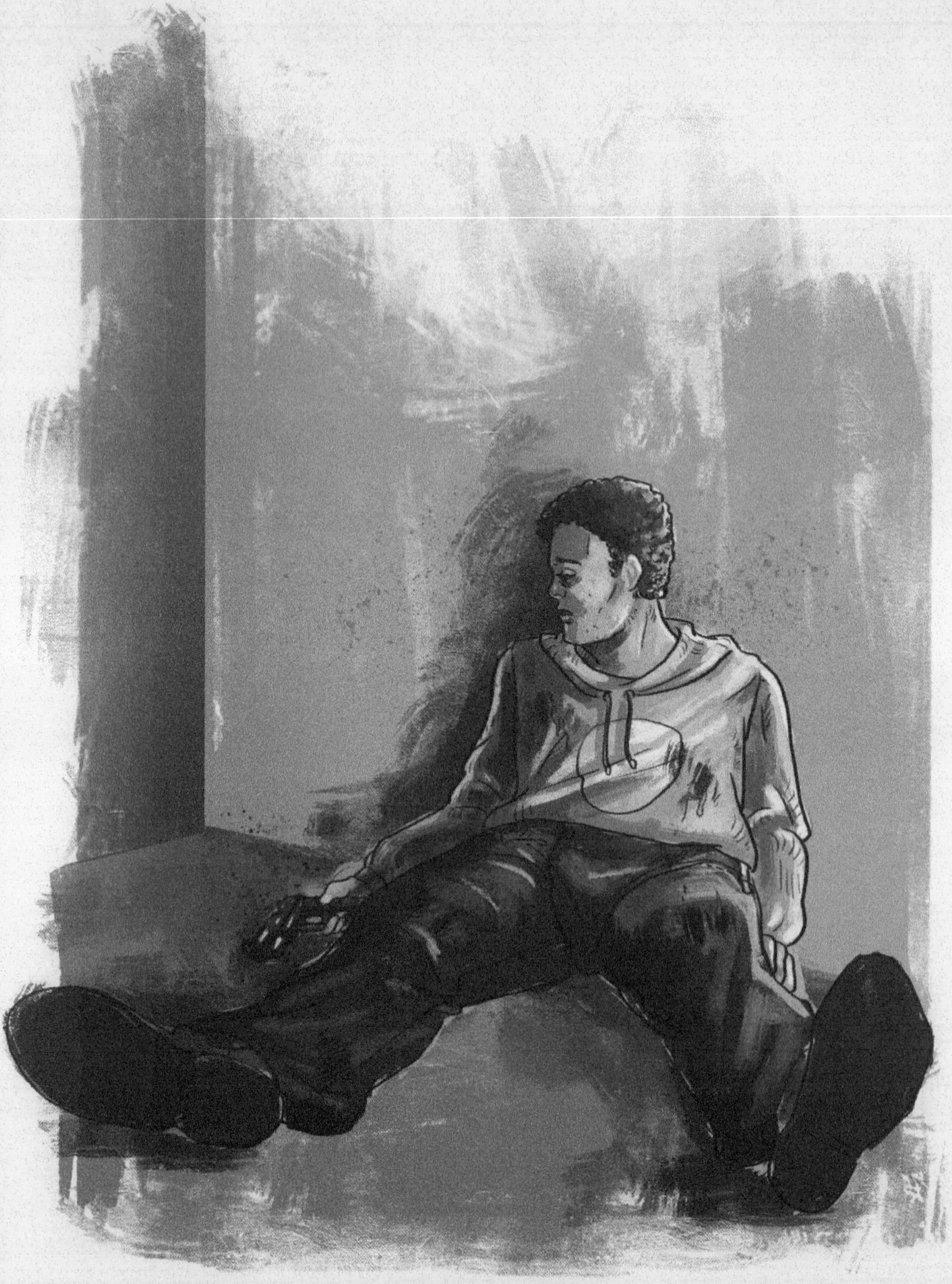

O SUICÍDIO

Na favela

– E aí, mano, como vai?

– Tô bem, cara, e você?

– Tudo tranquilo – diz Abraão.

– Você é quem está no comando aqui?

– Sim, por que a pergunta?

– É que eu estou com uma novidade aí – diz Pablo.

– Não me interessa novidade não, irmão.

– Tem certeza? Tá todo mundo comprando para revender.

– Que novidade é essa? – pergunta Abraão.

– É uma pistola... Novidade, amigo.

De dentro de uma mochila Pablo retira uma pistola com capacidade para muitos tiros, uma novidade entre os bandidos e suas facções.

– Quanto custa?

– Só cinco mil.

– Pode deixar aí. Tião, paga o cara. E dá o fora daqui, irmão – ordena Abraão, o líder do morro.

– Sim senhor – diz Pablo, se afastando do lugar com um maço de dinheiro nas mãos.

– Você hoje não está bem, o que houve, irmão? – pergunta Tião, o fiel amigo.

– Não sei dizer. Desde o dia em que assumi o comando aqui que vivo assim.

– Mas o que é, irmão?

– Sei lá, uma tristeza enorme dentro de mim, uma vontade de fazer merda.

– Caraca, irmão! Olha lá o que você vai fazer, hein?

– Não é nada com vocês não, pode deixar; é comigo mesmo o problema.

– Aí, vamos lá no centro espírita da dona Luíza? Dizem que lá é legal, cara. Olha só, vamos falar com os espíritos, nós precisamos de proteção.

– Você sabe que não acredito nessas coisas, Tião.

– Deixa de ser bobo, mano! Vamos lá, eu já fui várias vezes, e foi lá que fiquei sabendo que você assumiria o comando do morro com a morte do Lico.

– Sério, mano? – pergunta Abraão.

– Sério, o caboclo falou para mim que você assumiria a parada aqui.

– Então vamos lá, quero falar com esse caboclo – diz Abraão, decidido.

– Hoje à noite tem sessão lá. Daí vou te levar – diz Tião.

– Agora vou dormir um pouco, afinal essa noite foi das pesadas. Toma conta do morro aí, qualquer coisa me chama – diz Abraão.

– Pode deixar – diz Tião, saindo da luxuosa casa de Abraão.

À noite todos estão a caminho do centro espírita. A sessão já havia começado e todos ficam assustados com a presença do líder do tráfico da região, o famoso Abraão.

– E aí, dona Luíza, eu trouxe o chefe aqui para falar com o caboclo. Será que ele pode atender nosso chefe?

– Tem que esperar eu chamar os caboclos. Agora estamos no ritual de abertura dos trabalhos.

Os atabaques tocam os cânticos da ritualística umbandista e a sessão é aberta.

Cinco seguranças estão espalhados pelo terreno do centro espírita dando a segurança necessária a Abraão que pacientemente está sentado em um banco de madeira aguardando para ser chamado.

Os caboclos começam a chegar.

Um lindo caboclo com seu penacho de cor amarela, chamado Caboclo Ventania de Aruanda, manda chamar Abraão para o atendimento.

Abraão, meio sem jeito, se aproxima do caboclo curvando seu corpo diante da entidade que lhe estende as mãos colocando-o em frente a si próprio.

— Boa-noite, filho – diz Ventania.

— Boa-noite, seu caboclo.

— Meu nome é Ventania – diz o caboclo, advertindo Abraão.

— Desculpa, meu chefe.

— Menino, eu tenho uma coisa muito importante para lhe dizer.

— Pode falar, seu Ventania.

— Você tem que deixar essa vida urgentemente.

— Mas como assim, *deixar essa vida*, que vida?

— Essa vida de crime e drogas. Eu sei que você é o líder, mas você ainda pode se salvar – diz o caboclo.

— O senhor tá maluco. Eu só não lhe dou um tiro na cara porque respeito a dona Luíza.

— Meu filho, não estou aqui para lhe agradar, eu sou o caboclo Ventania de Aruanda e lhe digo que se você não sair dessa vida, você vai penar por longos anos nas profundezas do Umbral.

— Olha só, seu caboclo, vim aqui para falar com uma entidade sobre essa tristeza enorme que não sai de meu peito. Essa angústia que só me afunda cada dia mais nas drogas. Eu não posso consumir como eu consumo.

— Pois é, meu filho, você tem que sair dessa vida urgentemente – insiste o caboclo.

— Isso que está acontecendo comigo não é coisa do diabo, por acaso não é alguma macumba que fizeram para mim?

– Não, meu filho, essa angústia e essa tristeza nada mais são do que seu coração lhe alertando para as faltas que você vem cometendo.

– Olha, sinceramente eu gostaria de lhe agradecer, mas o senhor não está falando o que eu preciso ouvir.

– Você quer é que eu passe a mão sobre sua cabeça e concorde com seus erros. Infelizmente eu tenho que falar a verdade. E a verdade é uma só. Se você não deixar a vida do crime, você sofrerá muito.

– Obrigado – diz Abraão se levantando e saindo do centro espírita.

Seus capangas saem atrás dele, desesperados.

– O que houve, homem? – pergunta Tião.

– Esse caboclo não sabe de nada, vamos embora.

Todos voltam para a casa de Abraão, alguns ficam estrategicamente espalhados sobre as casas vigiando todo o morro. Abraão está sozinho em seu quarto, a depressão toma conta de seu peito. Uma tristeza indescritível. Ele reflete sobre as palavras do caboclo no centro espírita.

Sabe que o índio tem razão. Embora tenha conseguido realizar seu sonho, Abraão é um homem triste e infeliz.

Nervoso, ele levanta e começa a cheirar cocaína. Algum tempo depois ouve-se um estampido dentro da luxuosa casa. Maria sai correndo para o quarto do filho e desaba em lágrimas quando vê que seu amado filho, chefe do tráfico do morro, acaba de se matar dando um tiro certeiro no ouvido. Seu corpo está caído sobre a cama.

Maria vive sozinha com seu filho. Maria das Dores há muito tempo não aparece em casa para ver seus irmãos e sua mãe. Ana está fazendo faculdade na Universidade Federal de Minas Gerais, correndo atrás de seu sonho de tornar-se psicóloga.

Maria debruça-se sobre o corpo frio de Abraão, morto em uma poça de sangue quente numa noite no morro. O suicídio está confirmado.

"A vida não se resume a esta vida."

Nina Brestonini

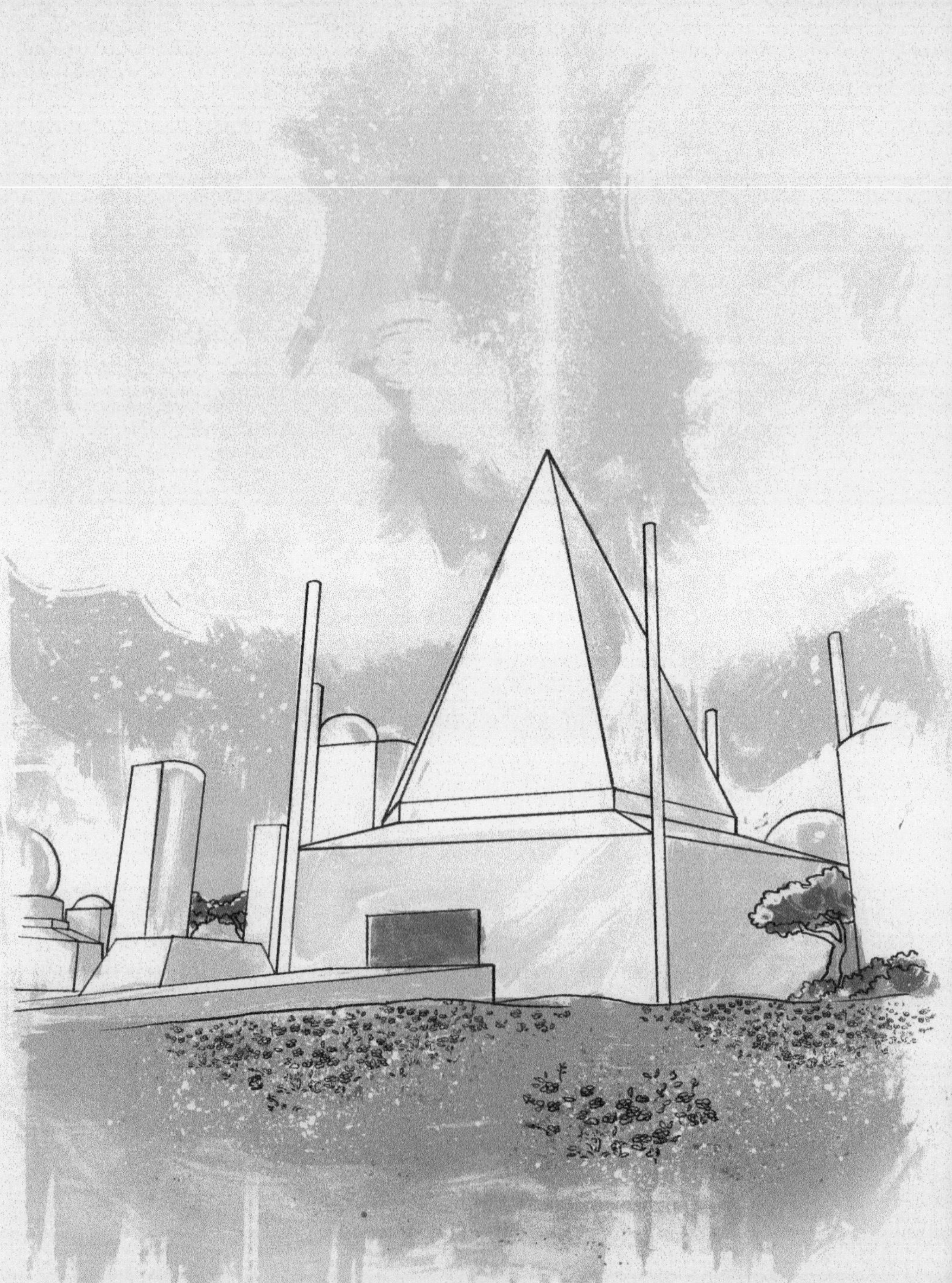

A Colônia

Colônia Espiritual Amor & Caridade

Daniel está em seu gabinete e é surpreendido pela presença de Pedro e Gabriel.

– Daniel, com licença.

– Entre, Marques, pode entrar.

– Daniel, o Pedro e o Gabriel estão aí fora querendo muito falar com você.

– Faça-os entrar, Marques.

Pedro e Gabriel entram cabisbaixos na ampla sala da direção.

– Olá rapazes, o que houve, por que essa tristeza toda?

– Daniel, já percebemos que você não está sabendo – diz Gabriel.

– Sabendo do que, Gabriel?

– Do Franz.

– O que houve com o Franz?

– Daniel, ele não suportou a última missão e se suicidou.

– Santo Deus, o que deu na cabeça de Franz para fazer isso?! – diz Daniel levantando-se da cadeira.

– Estamos ao lado dele, e tentamos impedir, mas ele fez uso de cocaína e aí não conseguimos mudar sua decisão – diz Pedro.

– E agora como vou explicar isso para Angelina? Como?

– Tenha calma, Daniel, tenha calma; tem que haver um propósito para isso ter acontecido, estava tudo sob nosso controle aí vem a cocaína e muda nossa missão – diz Gabriel.

– Não havia obsessores lá? – pergunta Daniel.

– Não, nós não permitimos que nenhum obsessor se aproximasse dele, inclusive o levamos a um centro espírita e ele conversou com Ventania, que o alertou para deixar essa vida.

– Meu Pai, o que vou fazer agora? – diz Daniel.

– Vamos buscá-lo no Umbral?

– Não podemos, só podemos entrar no Umbral com a permissão de nossa mentora.

– Então vamos pedir a ela? – diz Gabriel.

– Gabriel, meu querido, as coisas não são simples assim; quem me dera que nossa mentora estivesse sempre à minha disposição!

– E agora? – diz Pedro.

– E e agora? – diz Daniel.

– Com licença, senhores! – diz Nina, entrando na sala.

– Entre, Nina – diz Daniel.

– Já está sabendo, Nina? – pergunta Gabriel.

– Sim, nossa mentora esteve comigo e me explicou o que aconteceu.

– Nossa, então me conte – diz Daniel.

– Sentem-se, senhores – diz Nina.

– Olhem a tela fluídica – diz Nina apontando para uma grande tela que começa a aparecer atrás da mesa de Daniel.

– Vejam quantos jovens foram viciados pelas drogas vendidas por Franz nesta encarnação. Reparem quantas mortes ele causou com sua irresponsabilidade e sua ganância material. Abraão nasceu na família certa, sua irmã Ana é um exemplo de superação, logo estará formada e vai se tornar uma das psicólogas mais respeitadas do Brasil. Sua outra irmã, Maria das Dores, casou-se nova e hoje mantém uma obra social onde são acolhidas crianças vítimas de AIDS. Lá, elas recebem amor e carinho. Maria, embora desvirtuada das coisas de Deus, criou seu filhos com muita dificuldade, errou quando não alertou Abraão sobre os malefícios da vida desregrada e das coisas fáceis. Errou e hoje colhe os frutos de sua irresponsabilidade. Carrega agora nos braços um filho suicida. Assim ela ajusta-se às coisas da lei. O sofrimento e a busca por uma comunicação com o filho certamente a levarão para um centro espírita e enfim ela encontrará as respostas para todos os seus questionamentos.

Abraão, ou melhor, Franz, precisava passar pela última prova e vencer os desafios de ajustar-se para a caridade; isso, infelizmente ele não conseguiu, e por consequência ficará algum tempo no Umbral até que se arrependa sinceramente de seu ato covarde, e então poderemos auxiliá-lo outra vez. Ele poderia ter feito muita coisa em seu benefício, mas ele foi fraco e não ouviu a voz que gritava dentro de seu peito, pelo arrependimento. Infelizmente, o suicídio vai atrapalhar demais o Franz neste momento.

Muitas pessoas que praticam essa barbárie contra si mesmas deixam de enxergar que as dificuldades impostas a elas, normalmente são as últimas etapas que precisam ser vencidas com amor e principalmente com fé e determinação.

– Mas Nina, minha grande preocupação é com Angelina que de novo ficará pelos cantos da colônia em sofrimento pela ausência de Franz – diz Daniel.

– Eu acabei de levar Angelina para Nosso Lar – diz Nina.

– O que ela foi fazer lá? – pergunta Gabriel.

– Angelina teve permissão de encarnar e auxiliar Franz a recuperar-se dos erros cometidos nesta vida.

– Como assim?

– Angelina vai encarnar como filha de Ana, irmã de Abraão. E depois ela será a mãe de Franz, ou melhor, de Abraão, se Deus assim nos permitir. Sendo assim, ele terá um espírito iluminado como mãe, e quem sabe conseguiremos finalmente terminar seu processo evolutivo – diz Nina, confiante.

– Tudo isso foi permitido por Catarina? – pergunta Daniel.

– Sim, Daniel, ela pessoalmente conversou conosco e disse-nos dessa nova missão.

– Mas se Abraão está no Umbral, quanto tempo ainda levará para ele finalmente terminar sua missão? – pergunta Pedro.

– Olha Pedro, era para ele estar sentado aqui hoje, nesta sala, comemorando conosco a excelsa evolução. Mas como sabemos, o suicídio traz dores profundas ao espírito, e sinceramente só nos resta orar para que tudo dê certo daqui por diante.

– Vamos então orar a Deus, pedindo a misericórdia divina pelo nosso querido e amado irmão Franz – diz Nina.

– Vamos fazer melhor – propõe Daniel.

– Sim, o que você propõe, Daniel? – diz Gabriel.

– Vamos orar por todos os suicidas.

– Oremos pelos suicidas – diz Nina.

– Sim, meus queridos irmãos, vamos orar pelos suicidas – diz Gabriel.

Todos se reúnem em oração em Amor & Caridade.

Os fluidos da oração começam a atingir Abraão, como gotas luminosas de orvalho. Abraão permanece deitado e desacordado no Umbral.

Fim

"*O suicídio pode ser evitado, quando o amor torna-se unidade entre corações.*"

Osmar Barbosa

BOOK ESPÍRITA
EDITORA

Esta obra foi composta na fonte Times New Roman corpo 12.
Rio de Janeiro, Brasil, verão de 2016.